地域文化研究叢書

雲南哈尼族傳統生態文化研究

下冊

黃紹文、廖國強、關磊、袁愛莉　著

目次

上冊

第五章
哈尼族營造村落環境中的生態文化

　　哈尼族從遷徙生活到定居生活都注重其生存環境的認識和營造。在早期的社會生產活動中，作出了各種生境的選擇，他們尤為注重自己生存環境的選擇和構建，對自然生境選擇的基本模式就是村寨後山要有茂密的原始森林，寨子兩側要有斜插的山脈延伸，要有常年不斷的箐溝溪水流淌。他們將溪水泉流以開挖水渠引至寨中或寨腳便於利用。村寨下方延伸的緩坡地帶，開墾出來的層層梯田連接著村寨。這就是哈尼族土地利用經典的生態景觀組合，即森林—水渠—村落—梯田四位一體的有序佈局，在空間上形成缺一不可的生態複合體。

一　哈尼族遷徙與生態環境的認知

　　人類群體在其形成和發展過程中由於種種因素影響，常常會發生規模不等的空間遷移，並在其空間遷移過程中，對環境認知程度的不斷加深，逐步積纍了許多生態知識。這些生態知識對該民族的文明演進產生了深刻的影響。

（一）哈尼族遷徙中的文化傳播方式與路線

1 哈尼族文化傳播方式——文化擴散

　　文化擴散的類型有兩種：擴展擴散和遷移擴散。所謂擴展擴散是指某種文化現象通過某一地的居民為中介在空間上從一個地方傳播到

另一個地方，其文化所佔據空間越來越大。其特點是某種文化現象從原分佈地區逐步向外擴大，使其覆蓋面積越來越大，並且其地理空間是連續的。[1]哈尼族文化擴展擴散表現在：自秦漢時期，其文化在以西昌為中心的「都廣之野」形成之後，按理向其四周擴散。但由於其西有雅礱江峽谷阻隔，北面又是其源流方向，因此，向東、南方擴散。至唐代，在金沙江兩岸形成五個和泥文化核心區，即今四川涼山州境內金陽縣形成和泥闊部落；雲南元謀縣北境姜驛形成和泥絳部落；滇東北東川、會澤、巧家等縣形成和泥闊畔部落；昭通、魯甸、大關等縣形成和泥烏蒙部落；鎮雄、彝良、威信和黔西北畢節、大方、赫章、威寧等縣市形成和泥芒布部落。[2]這五個和泥文化核心區的地貌單元是相同的，其空間分佈是連續的。

遷移擴散。所謂遷移擴散是指擁有某種文化特徵的人或群體，由於某種原因到了另一地後將其原有的文化特徵在新居住地傳播開來。其特點：一是擴散較快；二是帶去的是原本文化；三是新擴散地與文化源地空間上是不連續的。哈尼族文化擴散主要是遷移擴散類型。哈尼族文化遷移擴散時期是從魏晉南北朝至唐代。這一時期哈尼族從金沙江流域的五個文化核心區逐漸向南遷移，最終定居在哀牢山和無量山下段至今。遷移擴散是這一時期文化傳播的主要類型。由於哈尼族文化源於青藏高原古氐羌族群，游牧文化在哈尼文化中佔有重要的地位。比如，哈語「增」（zeiq）一詞，原意是指牛、馬、羊、豬、狗、雞、鴨等家畜家禽的總稱，引申為資本或財富的意義，其中，羊在哈尼族生活中佔有重要的地位，高等喪禮以羊為主要犧牲。哈尼族至今在哀牢山區有放野牛的習慣，即把牛群趕上山，早晚不歸廏，三

---

1 陳慧琳主編：《人文地理學》（北京市：科學出版社，2001年），頁102。
2 黃紹文：《諾瑪阿美到哀牢山——哈尼族文化地理研究》（昆明市：雲南民族出版社，2007年），頁27。

至五天去看一次其所在的位置，直至翌年春播才把牛趕下山犁田耙田。這些都深刻地烙上了北方游牧文化的烙印。哈尼族來到雲南高原後，游牧文化日漸退出，稻作農耕成為其文化的主要形態。他們在大渡河之南的「都廣之野」創造的「其土青黎，其田下上」的稻作農耕文化，在遷移途經的一個又一個壩子中得到了完善和發展，但由於「平壩給哈尼帶來悲傷」，因此，把平壩的稻作的農耕文化移植到哀牢山區，並達到「蠻治山田，殊為精好」的水準。因此，明代科學家徐光啟在其名著《農政全書》中把「梯田」列為七種田制之一，從此，哈尼梯田文化被載入史冊。

哈尼族文化遷移擴散的最大特點是速度較為緩慢，時間上時斷時續，人口遷移分批分期地進行，空間上由連續分佈縮小為不連續分佈。如唐代晚期至宋代大理國時期，在滇南哀牢山和六詔山形成了和泥七部。但至元明時期，在滇東北昭通、彝良、鎮雄、威信和黔西北威寧、赫章、畢節等地仍合稱「和泥芒布府」，故《元文類》說：「江頭江尾和泥二十四寨。」同時，在滇西楚雄、南華等也有和泥分佈。至清康熙後，哈尼族主要在北緯 24°41′ 以南的哀牢山和無量山以及在西雙版納等地形成其分佈格局至今。

2 哈尼族文化傳播路線

哈尼族文化傳播路線主要是指魏晉南北朝至唐代以及明清時期陸續遷徙流向過程中的傳播路線，也是這一時期哈尼族的遷徙路線，根據上述的史書記載和傳說，其主線有三條：[3]

（1）東線。從文化源地四川涼山州境內西昌一帶起，向東至金沙江西岸的金陽縣，並在此分兩路傳播。一路自金陽——大關——彝

3　黃紹文：《諾瑪阿美到哀牢山——哈尼族文化地理研究》（昆明市：雲南民族出版社，2007年），頁43-45。

良——威信、鎮雄（核心區）——畢節、大方、赫章、威寧一帶傳
播。另一路自金陽——昭通——魯甸——會澤——東川（核心
區）——尋甸、馬龍——陸良、師宗、羅平——瀘西後，進入六詔山
區的丘北、開遠、硯山、西疇、文山、馬關、麻栗一帶傳播。至清朝
康熙年間，這一地區哈尼族由於受戰爭和人口遷入的影響，部分遷入
哀牢山區，餘下的人融於當地民族中。

（2）中線。自西昌向南，經德昌、米易、會理等地至雲南元謀
縣北境的姜驛形成核心區，從此地又分出西線和南線（中線）。南線
自姜驛——元謀——武定、祿勸——祿豐——安寧、易門、晉寧——
玉溪——江川——通海——建水、石屏後，南渡紅河在元陽、紅河、
綠春、金平四縣形成哈尼族文化大本營區，直至越南萊州省北部山區
靠中越邊境一帶傳播。

（3）西線。自姜驛溯金沙江而上至攀枝花後，沿江往西至永勝
縣南境濤源一帶，折向南來到賓川縣洱海之濱，再往東南的祥雲、彌
渡——南華——楚雄——雙柏後，進入無量山和哀牢山區的景東、鎮
沅、新平、元江、墨江、景谷、普洱、思茅、瀾滄、江城以及西雙版
納的景洪、猛海、猛臘等地，直至老撾北部豐沙裏、本再、孟誇、南
帕河一帶和緬甸北部景棟一帶以及泰國北部清邁府祖艾縣和清萊府的
媚賽、媚占、清孔、清盛等縣傳播。

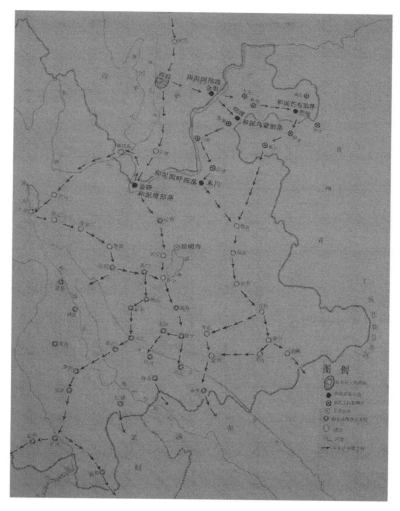

哈尼族遷徙示意圖

Sketch Map about the Hani Migration

（二）哈尼族遷徙中環境認知

　　氏族和部落是在一定的地域環境條件下形成和發展的，他們對其
生活環境都有一個觀察、感應的認識過程。在實踐中人們決策和行為

往往依賴這些認識，而不是依賴客觀現實環境。因而人類族群體在其遷移選擇新定居點時，總是要選擇外表景觀與其文化產生源地環境相似的生境。但是，這種外表景觀相似性，客觀上存在著實質性的差異，因此對其以後的生產生活將產生深刻的影響。甚至有的民族群體在其新居住地被迫改變原來的生境感知，改變其傳統的生產生活方式，以適應新的環境定居下來。

為了分析哈尼族在遷徙過程中的環境認知，我們首先粗略地分析一下哈尼族文化源地[4]的地理環境。哈尼族的文化源地「諾瑪阿美」當在安寧河流域以西昌一帶為中心的「都廣之野」。其範圍西起雅礱江，北起大渡河以南，東和南至金沙江。其地貌單元屬於雲南高原向北延伸部分，只是行政區劃屬於川西南高原，包括黔西北高原的畢節、大方、赫章、威寧等縣，這一地域的四周被雅礱江、金沙江、大渡河的切割，似乎成為相對獨立的地貌單元。但其中部的高原面較完好，具有雲南高原的特徵，即四周被河流切割破碎，中間高原面完好，地勢起伏緩和，海拔一八〇〇至二〇〇〇米左右，北高南底，高原中部又被由北向南的安寧河切割，形成南北延伸大小不等的「壩子」或河谷盆地，其中西昌壩子是其間最大的壩子。成昆鐵路、一〇八國道的高等級高速路經石棉、冕寧、喜德、西昌、德昌、米易、鹽邊、會裏等縣從北向南穿過。這也是哈尼族先民「和夷」自大渡河流域向南遷徙的「民族走廊」。

哈尼族在遷徙過程中形成強烈的環境認知。主要表現在其遷徙途經的元謀、武定、昆明、安寧、晉寧、江川、通海、建水及東線的昭通、魯甸、東川、尋甸、陸良、瀘西、開遠以及西線的景東、鎮沅、

4　黃紹文：《諾瑪阿美到哀牢山──哈尼族文化地理研究》（昆明市：雲南民族出版社，2007），頁18-27。

景谷、普洱、思茅直到西雙版納的景洪等地均屬於雲南高原上分佈的大小壩子。但是，他們來到與文化源地「諾瑪阿美」的壩子環境相似的雲南高原上大大小小的壩子早已有原住居民，為了避免民族紛爭，不得不一次又一次南遷，直到人煙稀少的哀牢山、無量山和六詔山區定居下來。哈尼族來到新居住地，既要傳承文化源地「其田下上，其賦下中三錯」的稻作農耕文化，又要適應新居住地的環境。因此，在哀牢山中創造了舉世聞名的梯田文化，成為人與自然和諧發展的典型文化適應範例。

　　哈尼族在空間遷移過程中的環境認知，在其遷徙史詩《聰坡坡》中也有大量的描述。書中對「諾瑪阿美」環境是這樣描述的：

　　　　天上響起呱呱的叫聲，
　　　　頭頂飛過一隻大雁，
　　　　它的聲音象雷鳴，
　　　　扇起翅膀象電閃。
　　　　我們尾著朝前走，
　　　　突然「嗖」的一聲響，
　　　　大雁紮下地面，
　　　　眼前剎時金光萬道，
　　　　好像太陽落在腳前。
　　　　睜大眼睛瞧瞧，
　　　　只見寬寬的平原。
　　　　一條大水沟湧澎湃，
　　　　湍急的水流分成兩邊。
　　　　大河像飛雁伸直的脖子，
　　　　平壩像天神睡在大水中間，

　　　　我們把這裏叫做諾瑪阿美，
　　　　認定它是哈尼新的家園。[5]

　　哈尼族來到昆明壩子，書中對其環境又是這樣描述：

　　　　腳下是一片寬平的大壩，
　　　　三個緬花戚哩[6]也望不到邊，
　　　　滿壩土地臘肉樣肥，
　　　　抓把嘗嘗蜂蜜樣甜，
　　　　野桃野梨擠滿平地，
　　　　樹下生著野姜野蒜，
　　　　花尾的箐雞見人不躲，
　　　　林邊草地擠滿白鷳，
　　　　青青草地深齊腰杆，
　　　　馬鹿野羊到處望見。
　　　　這塊地方紮實好羅，
　　　　先祖叫它谷哈密查。
　　　　谷哈壩子住著蒲尼，[7]
　　　　他們是手腳黃黃的人，
　　　　不愛攆山打獵，
　　　　只愛開荒種田。
　　　　谷哈土地比天還大，

5　雲南省少數民族古籍整理出版規劃辦公室編：《哈尼阿培聰坡坡》（昆明市：雲南民族出版社，1986年），頁40-41。
6　「緬花戚哩」：哈尼語漢字音譯，意為視野。
7　蒲尼：哈尼語pulnil漢字音譯，哈尼語對漢族的稱呼。

　　蒲尼人只有雞窩星一點，

　　在不完的地方由你們在，

　　盤不完的田地由你們盤。[8]

　　由於昆明壩子的環境與西昌壩子的環境很相似，哈尼人得到原住居民蒲尼的允許住下，並決定長期居住此地，為了表示與蒲尼的友好關係，把打仗用的兵器在此埋藏起來，故稱此地為「谷哈密查」。從此，哈尼人又自「諾瑪阿美」之後開始定居農耕，社會經濟得到了前所未有的發展。如：

　　寨腳開出塊塊大田，

　　一年的紅米夠吃三年，

　　山邊栽起大片棉地，

　　一年的白棉夠穿三年。[9]

　　由於社會經濟的發展，民族矛盾也日漸激化。

　　哈尼手杆再粗，

　　也是羅紮的幫手，

　　哈尼腳杆再硬，

　　也是羅紮的跑腿，

　　羅紮有碗大的貪心，

8　雲南省少數民族古籍整理出版規劃辦公室編：《哈尼阿培聰坡坡》（昆明市：雲南民族出版社，1986年），頁114-115。

9　雲南省少數民族古籍整理出版規劃辦公室編：《哈尼阿培聰坡坡》（昆明市：雲南民族出版社，1986年），頁21。

> 把哈尼的紅米撮完，
> 羅紮有盆大的狠心，
> 把哈尼的畜廄牽空。[10]

殘酷的統治和剝削引起哈尼的不滿，最終導致戰爭的爆發，哈尼以戰敗而告終，不得不重新踏上南遷的旅途。

哈尼離開滇池之濱南遷，沿途經過的江川、通海、建水等地壩子均有了原住居民，為了不再重演「谷哈密查」的悲劇，他們都不想在壩子定居，南渡紅河進入人煙稀少的哀牢山區定居。此時，面對新定居地他們被迫改變了原來的環境感知。他們如是說：

> 從前哈尼愛找平壩，
> 平壩給哈尼帶來悲傷，
> 哈尼不再找壩子了，
> 要找厚厚的老林高高的山場，
> 山高林密的凹塘，
> 是哈尼親親的爹娘。[11]

二 哈尼族寨址選擇的生態文化

（一）村落的起源

在遠古的原始群居時期，人類為了生存，必須建立適當的居住地

---

10 雲南省少數民族古籍整理出版規劃辦公室編：《哈尼阿培聰坡坡》（昆明市：雲南民族出版社，1986年），頁122。

11 雲南省少數民族古籍整理出版規劃辦公室編：《哈尼阿培聰坡坡》（昆明市：雲南民族出版社，1986年），頁197。

以防寒暑、避風雨、防野獸和疾病。為了戰勝惡劣的自然條件，人們只能就地建立起簡陋的穴居、巢居。為了便於採集和狩獵，原始住地多建在森林茂密的低山區。根據已整理出版的哈尼族遷徙史詩《哈尼阿培聰坡坡》可窺見哈尼族的原始群居生活。

　　該書的第一章講到，哈尼族的先祖塔婆生了漢、彝、哈尼、傣、壯等二十一種人類。她最愛哈尼，並讓哈尼住進了山洞，學會了用火，以漁獵為生。哈尼族遷徙到「什雖湖」，在這裏，誕生了原始畜牧業和農業。姑娘遮姒把小野豬抱養，姑娘遮努摘來飽滿的草籽種下，取名為「玉麥、穀子和高粱」，併發明了農業節令、釀酒技術。

　　第三章講哈尼先民又遷到「惹羅普楚」。「惹羅」地名，具體位置不祥，「普楚」意為立寨、安寨之意。這是哈尼族古歌中最先提到的寨子名稱，說明哈尼先民開始定居生活，農業生產使社會得到發展，表現在人口的增加和父權制的確立。如，

　　　　一家住不下分兩家，
　　　　一寨住不下分兩寨，
　　　　老人時時為分家操心，
　　　　頭人天天為分寨奔忙。
　　　　寨裏出了頭人、莫批、工匠，
　　　　能人們把大事小事分掌。[12]

　　頭人、莫批、工匠三種能人的傳說和故事在哈尼族社會中廣為流傳，反映了哈尼族原始社會曾出現的政、教、工藝合一的組織形式。

---

12 雲南省少數民族古籍整理出版規劃辦公室編：《哈尼阿培聰坡坡》（昆明市：雲南民族出版社，1986年），頁31-32。

史學界認為，公元前三世紀，哈尼族先民以「和夷」名稱出現於大渡河流域時期。但哈尼族先民仍未脫離氐羌部落集團，並在川西南高原地區沒有完全脫離「隨畜遷徙，毋常處」的游牧生活。因此，哈尼族先民以「和夷」名稱出現於大渡河流域後，沿南北走向的地勢和河流繼續南遷，在西昌一帶為中心的「都廣之野」定居農業進一步得到發展，而畜牧業逐漸下降，並出現了稻作農耕。從傳說來看，社會經濟得到發展，人口不斷增多，進入部落聯盟制社會，為這一時期特徵。如：

> 哈尼人口實在多，
> 一處在不下分在四面，
> 四個能幹的頭人，
> 輪流把諾瑪管，
> 最大的頭人叫烏木，
> 哈尼都聽從他的指點。
> 哈尼頭人像樹根一樣出來，
> 威嚴地鎮守自己的地盤，
> 頭上的帽子像山巔高聳，
> 手握木杖象徵權力無邊，
> 哈尼的烏木說一句話，
> 四個頭人把頭點。
> 諾瑪的美名傳到東方，
> 傳進了臘伯（漢族）高高的大城，
> 臘伯的烏木派大隊馬幫，
> 他們用五彩絲線交換哈尼的紅米，
> 用亮亮的金銀來換哈尼的白棉，

諾瑪的美名傳到南方，

那裏壩子一片接一片，

出名的壩子叫孟梭，

好心的擺夷（傣族）住在那邊，

擺夷頭人也派來牛幫。

生意人像河裏的魚蝦來往穿梭。[13]

　　這裏描寫的是由四個血緣親屬部落組成的部落聯盟社會組織，同時也描寫了「諾瑪」聚落的繁榮景象。「諾瑪阿美」是哈尼族村寨的發祥地，《聰坡坡》是這樣描繪的：

諾瑪阿美又平又寬，

抬眼四望見不著邊，

一處的山也沒有這裏的青，

一處的水也沒有這裏的甜，

鮮嫩的茅草像小樹一樣高，

彩霞般的鮮花開在中間，

一窩窩野豬野牛來來去去，

一群群竹鼠猴子吵鬧遊玩，

野雞野鴨走來和家雞家鴨親熱，

麂子馬鹿走來和黃牛騾馬撒歡，

小娃爬上樹頂，

逮得著一窩窩喜鵲，

大人去到水邊，

13　雲南省少數民族古籍整理出版規劃辦公室編：《哈尼阿培聰坡坡》（昆明市：雲南民族出版社，1986年），頁47-54。

> 常常把大魚抱還
> 好在的諾瑪阿美
> 哈尼認做新的家園。[14]

　　根據史料推測，「諾瑪阿美」是在安寧河（阿尼河）[15]流域的「都廣之野」，時間約秦漢時期，哈尼族融於時稱的「叟族」中。定居稻作農業和社會經濟發展是諾瑪時代的特徵。但好景不長，由於諾瑪社會經濟的發展，哈尼活動地域的擴大，引起「臘伯」外族的覬覦，妒其財富和土地而發動戰爭，哈尼族戰敗而被迫離開了「諾瑪阿美」，開始了長途遷徙活動。先後來到「色厄作娘」（洱海邊）——「谷哈密查」（滇池邊），得到原住民「蒲尼」（今哈尼族對漢族的稱呼）的允許居住下來。「谷哈密查」哈尼語漢字記音，意為「武器埋藏的地方」。哈尼族為了表示與原住居民的友好，把尖叉兵器埋藏在此地，故名。但隨著哈尼族人口的增多，經濟的發展，「蒲尼」出於畏懼而發動戰爭，戰爭規模之大，哈尼族險些滅族滅種，以戰敗而被迫南遷，經「那妥」（通海）、「蒲尼密查」（建水）、「石七」（石屏）等地後，南渡紅河，進入紅河南岸哀牢山區定居。

（二）寨址選擇的生態文化

　　村落與自然地理環境的關係十分密切。因為村落是人類在地理環境中活動的直接產物。隨著村落的產生和發展，自然環境對其產生直接影響。哈尼族首先確定寨頭的神林，尋找一寨可供飲用的水源，在《哈尼阿培聰坡坡》中對哈尼族村落選址的環境是這樣描寫的：

---

14 雲南省少數民族古籍整理出版規劃辦公室編：《哈尼阿培聰坡坡》（昆明市：雲南民族出版社，1986年），頁45-46。

15 阿尼河：明清時期以哈尼族歷史名稱命名的河流。

高山罩在霧裏，

山梁像馬尾披下，

下面是一片凹塘，

天神賜給我們好地方。

橫橫的山像駿馬飛跑，

身子是凹塘的屏障，

躲進凹塘的哈尼，

從此不怕風霜。

上頭山包像斜插的手，

寨頭靠著交叉的山崗；

下面的山包像牛抵架，

寨腳就建在這個地方；

寨心安在哪裏？

就在凹塘中央，

這裏白鷴愛找食，

這裏箐雞愛遊蕩，

火神也好來歌，

水神也好來唱。[16]

《哈尼族古歌·安寨定居》中又講：

哈尼先祖來安寨，

安寨要找合心的寨地，

背著餉午飯去瞧呵，

找寨地不要怕踢掉十個腳趾頭。

先瞧寨頭的山坡上，

---

16 雲南省少數民族古籍整理出版規劃辦公室編：《哈尼阿培聰坡坡》（昆明市：雲南民族出版社，1986年），頁25-26。

有沒有老實密的神林，
神樹像不像筷子一樣直，
神樹像不像牛腰一樣粗，
沒有茂密的神林，
寨神沒有棲息的地方。
又瞧寨子的山坡上，
有沒有姑娘眼睛一樣的龍潭水，
滑亮的石頭底下，
是壓著泉眼的地方，
有了人吃的好水，
生得出好兒好女，
有了牲畜吃的好水，
放得出好牛好馬，
有了莊稼吃的好水，
種得出好莊稼。
再瞧寨子的坡腳，
有沒有高大的萬年青樹，
人活要有伴，
人伴是寨房，
寨伴是萬年青樹。
又瞧寨子的平地上，
有沒有雲彩大的樹冠，
樹腳是老人閒聊的地方，
沒有老人的玩處，
寨子安起來也不穩。
再瞧寨子邊的園子地，

有沒有生長刺通花，

刺通花是園子伴，

刺通花是菜的伴；

沒有刺通花樹，

豬雞進園子拱土，

薄荷香柳發不旺，

大蔥大蒜長不壯。

誠心朋友來了，

沒有下酒的好菜，

熱心兄弟來了，

沒有下飯的好菜，

又瞧寨邊的平地上，

有沒有三蓬芭蕉樹。

芭蕉不是會栽的樹，

芭蕉是地神留給小娃吃的果，

有了三蓬芭蕉樹，

小娃哭時不愁哄不乖，

十個男人合心了，

十個女人愛著了。[17]

　　這裏給我們描繪了一幅美麗的哈尼族早期的生態家園，也正是哈尼族村落選址的典型生態要素。傳統地理學對村落選址的《地理正宗》這樣說：「一看祖山秀拔；二看龍神變化；三看成形住結；四看落頭分明；五看脈歸何處；六看穴內平窩；七看砂水會合；八看朝對

---

17 雲南省少數民族古籍整理出版規劃辦公室編：《哈尼族古歌》（昆明市：雲南民族出版社，1992年），頁134-135。

有情；九看生死順逆；十看陰陽緩急。」通過這十看，達到龍、穴、
砂、水四美俱備。[18]哈尼族早期村落選址雖然沒有具備四美，但是，
寨頭要靠交叉的山崗，周圍環抱斜插的山梁，中間的凹塘等這些基本
要素已具備傳統聚落地理的要求。這種封閉式的地理環境，不僅有利
於保存祖先文化的傳承，而且可以阻擋寒流和外來入侵，使環境單元
內保持穩定的文化系統，這便於人們的生產和生活。

　　哈尼族在哀牢山區的遷徙過程中，充分認識了河谷壩子的自然氣
候特徵。如：

> 河壩天氣紮實熱，
> 好像背著大大的火塘，
> 牛馬豬雞張嘴喘氣，
> 大人小娃身上發癢，
> 豬羊蹄子爛了，
> 駿馬牙齒掉光，
> 公雞不會啼鳴，
> 狗也不會汪汪，
> 母牛下兒難活，
> 母馬養兒死光，
> 阿媽生下的小娃，
> 只能活過三早上。
> 趁著枯水的乾季，
> 渡過紅河大江。[19]

---

18 於希賢：《中國傳統地理學》（昆明市：雲南教育出版社，2002年），頁262。
19 雲南省少數民族古籍整理出版規劃辦公室編：《哈尼阿培聰坡坡》（昆明市：雲南民
　　族出版社，1986年），頁195-196。

　　最終他們來到中半山區定居。這既是哈尼族歷經磨難後的無奈選擇，又客觀地反映了哈尼族對村落選址的生態知識。

　　哈尼族之所以選擇海拔一四○○至一八○○米等高線地區平緩山梁的向陽坡地作為他們理想的居住地，從氣候條件看這一地帶的哀牢山區氣候適中：年平均溫度十五度至十八度，全年日照一五○○至一七○○小時，全年霜期一點二日，年均降雨量一五○○至一八○○毫米，雨量充沛，氣候溫和。這種氣候條件有利於人們的生產和生活。

　　哈尼族固然以靠山面水，三面環山的凹塘作為建寨首選地。但這樣的地形條件在哀牢山區不可能到處存在。因此，他們更多的是選擇朝陽而平緩的山梁或山坡及其間散佈的小凹地。其次就是尋找水源。水是人類重要的物質基礎，與哈尼族的生活、生產息息相關。生活飲用的泉水是村落佈局的重要條件，沒有出自地面的泉水，哈尼族不會在此建寨立業。找到了生活必要的水源後，又要看寨址上方是否分佈著茂密的原始森林。沒有水源林，寨址下方就無法墾田，並且靠近村落上方必須有一片森林作為寨神棲息的神林。靠近寨址腳也要有一片叢林，作為地神棲息的場所。兩片神林必須以特定的樹木作為神的標誌，一年一度殺牲祭祀。

三　哈尼族建寨禮儀中蘊含的生態文化

　　哈尼族的建寨禮儀主要包括選擇寨神林、擇定寨址、測定寨心、劃定寨界、立寨門等五個方面的內容，每個儀式的最終目的就是尋求人與神靈、人與自然、人與人的和諧共處，其中蘊含豐富的生態文化。

（一）選擇寨神樹

　　哈尼族根據村寨的佈局選好寨神棲息的森林後，哈尼族的咪谷便到已選定的寨神林裏挑選一棵適合於寨神昂瑪棲息的神樹。神樹與樹種類無關，但一般是挑選粗直的喬木為宜，並且所選的樹種要會開花、會結果。不過，到底要選哪一棵樹為神樹全憑咪谷的直覺來判斷，以打雞骨卦占卜的形式確定。神樹選定，咪谷殺雞祭獻，向神樹祈求神靈的降臨，祈求允許在此建寨，並能得到寨神的護祐。

（二）擇定寨址

　　哈尼族選擇寨址的要素在《哈尼族古歌・安寨定居》中這樣講：

　　　　哈尼的寨子在那裏？
　　　　在駿馬一樣的高山上；
　　　　哈尼的寨子像什麼？
　　　　像馬尾奔在大山下方。
　　　　大山像阿媽的胸懷，
　　　　把寨子圍護在凹塘。
　　　　寨頭的山梁像三個手指，
　　　　一直伸到寨頭上；
　　　　中間的山梁是寨子的枕頭，
　　　　兩邊的山梁是寨子的扶手。
　　　　寨子的下面有三個山包，
　　　　三個山包是寨子的歇腳，
　　　　有了歇腳寨子才穩。
　　　　再瞧安寨的地方，

有平平的凹塘，

這是白鷳找食的去處，

這是箐雞出沒的山場；

有了這樣的凹塘，

人種會像泉水一樣流，

莊稼牲口會象河水一樣淌。[20]

選好寨址地形的基本要素，爾後舉行擇定寨址的儀式：

安寨要問天神的心，

定居要問天神的意，

拿出三顆雪白的貝殼，

有了問神的三張嘴。

三顆貝殼豎在地上，

一顆是人的面份，

一顆是莊稼的面份，

一顆是牲畜的面份，

立下貝殼三天早上，

哈尼的莫批就去看，

人的貝殼給倒了？

人的貝殼不倒，

子孫後代會旺盛；

莊稼的貝殼給倒了？

---

20 西雙版納傣族自治州民族事務委員會編：《哈尼族古歌》（昆明市：雲南民族出版社，
1992年），頁133-134。

莊稼的貝殼不倒，

大田裏的穀子背不完；

牲畜的貝殼給倒了？

牲畜的貝殼不倒，

坡上的牛羊趕不完。[21]

（三）測定寨心

　　各地哈尼族選擇寨心儀式有不同的做法：一是由莫批立海貝占卜吉凶以擇定寨心，即以三顆海貝立於所選地面上成平面三角形，分別象徵子孫、莊稼、六畜。立下海貝三天後若不被風吹倒，不被牛馬牲口、野物撞倒，則為大吉，立貝處為寨心。二是選定寨址後，由咪谷或莫批從中心向四方拋撒「鐵沙子」，然後朝地面投下一個雞蛋，在雞蛋破裂處立一木樁，稱「普和旦」或「普瑪旦」，意即共祭神林，以立木樁處為寨心。三是莫批在地下挖一小坑，用腳後跟踏平，將九粒穀子的尖嘴擺成三個三角形，埋在坑中，以土碗蓋好，三天後由莫批去揭開碗，若穀子沒有少、沒有散亂倒塌，則為大吉。反之，則須另選新寨址。

（四）劃定寨界

　　劃定寨界，也是劃定人鬼分離的界線。一種做法是在新寨址選定後，由莫批在寨址中心拴一條狗、公母雞各一，並挑選一位身強力壯的青年男子，由他一棒將狗打死，拖著流著鮮血的狗沿著事先圈定的寨址周圍奔跑，凡是有狗血浸染之地，將成為無形的寨界。另一種做

---

21 西雙版納傣族自治州民族事務委員會編：《哈尼族古歌》（昆明市：雲南民族出版社，1992年），頁135-136。

法是由七至九名男子組成，另外加一名莫批和一名化妝成的「鬼」。
「鬼」裝扮成奇形怪狀，翻穿衣服，倒披蓑衣，嘴裏咬著齒朝前的鋸
鐮，驚恐地東躲西藏，設法逃竄。逐鬼者由莫批領頭，右手握弓，左
手持著刺棵做成的掃帚，率領驅鬼隊從上到下，再從下至上攆鬼，直
至攆成方圓可容納百戶人家的地基，追攆「鬼」過程中緊跟莫批的人
到了周邊沿路撒粗糠，灰糠灑落之地成為人與鬼的分界線。

（五）立寨門

　　上述以狗血和灰糠劃定的人與鬼之界，就是無形的寨界。哈尼族
認為狗血浸染或灰糠圈地內能得到神靈的庇護。無形寨界之內雖然已
得到神靈的保祐，但由於無形寨界四處敞開，孤魂野鬼難免混入，故
在寨址的入口處必須立寨門。西雙版納一帶哈尼族阿卡支系的寨門很
有特色，由兩根立柱和橫樑構成，橫樑中間固定有木雕的人像、鳥
像，兩端有木刀、木叉；兩根木柱上又固定木刀、木槍、達溜等。這
些都是已施過巫術的各式各樣的驅鬼避邪物。紅河流域的哈尼族，立
寨門不用木柱，而借用寨子入口處的自然樹木，以一條稻草編制的繩
拴於寨門兩側的大樹上，一頭懸掛用竹片繃開的雞皮，另一頭懸掛狗
皮或狗腳，中間仍然懸掛木刀、木叉、木錘，此即為「金雞神狗把守
住寨門」。無論是何種形式的寨門，它成為阻止鬼魂入村寨的關口，
寨門內外，即是人與鬼魂地域的有形分界線。因此，在人居住的神聖
的村寨邊，大路出口處，立上一個表明人鬼界線的重要標誌，使鬼一
看到這個重要標誌物，就立即意識到「人鬼各居一方，各處相安」的
戒律。

西雙版納哈尼族的寨門

Village Gate in Xishuangbanna

紅河流域哈尼族的寨門

Village Gate in Honghe District

四　哈尼族營造村落中蘊含的生態文化

　　哈尼族的村落大多都分佈在海拔一三〇〇至一八〇〇米的等高線上，在滇南哀牢山區此地帶為半山腰。他們選擇朝陽、開闊、平緩的

山梁或山坡建寨，其基本格局是，村頭必須以茂密森林覆蓋的山包作護寨神林，此地是每年農曆正月或二月祭祀寨神的活動場所。兩側斜插的小山梁為村寨之「扶手」，在茂密的林子之間是封寨門的避邪地點。寨腳森林覆蓋的小山包為寨子的「歇腳」處，此地作為每年農曆三月祭祀地神的地點，建寨時在此地選擇一棵高大喬木為地神棲息處的標誌，每年農曆三月梯田栽插之際舉行祭祀活動。一條源自原始森林中的溪流水溝引自村寨一側，安裝一至二架水碾子、水磨、水碓，同時清水供人們洗滌用，是灌溉梯田的主要水源。但是，水磨、水碓自二十世紀八〇年代後期起日趨消失。村寨的一側或寨腳約有一畝的平地為磨秋場，立起磨秋樁作標誌，是每年農曆六月舉行「矻紮紮」節慶典活動的場所。村前梯田層層分佈，田間崎嶇小路縱橫交錯。村寨周圍或房前屋後的菜園地邊種植竹、棕櫚、梨、李、五眼果、橙木等作為風景林，實為人與自然和諧的生態環境。

　　人類的生存和發展離不開自然環境，在其漫長的發展過程中，逐漸形成了對自然環境的適應能力。哈尼族便是這樣做的，他們的祖先在從北向南遷入滇南哀牢山區的過程中，為適應沿途的雲南高原壩子的自然環境，不斷地完善他們的稻作文化。但是，土地肥沃且灌溉條件良好的大小平壩地區均被原住民族所佔據，作為後來者的哈尼族隨時隨地都處於被動地位，於是他們只好向人煙稀少、森林密佈的哀牢山區進住，並力圖適應、改變其自然環境，最先採取「刀耕火種」的原始農業生產方式，在坡地上種植旱谷和其它旱地作物。然而，他們竭力維護平壩地區的稻作文化，為了保存肥力，保持水土，就把坡地劈成層層梯田種植水稻。成為平壩地區稻作文化移植到山區的成功典範。

　　哀牢山區半山地帶氣候溫和，哈尼族選擇此地帶作為理想居住地。一方面哀牢山區海拔八〇〇米以下的河谷地帶氣候炎熱，瘴癘橫

行，在昔日缺乏醫療條件的情況下，人們的生存和發展受到極大威
脅。而海拔二〇〇〇米以上的高山區則森森密佈，氣候冷涼。在半山
地帶卻冬暖夏涼，氣候適中，有利於人們的生產生活，既可上山狩獵
採集以獲取副食品，又易下山種田收糧。

　　哈尼族村落環境，一般都有這樣一些基本的自然景觀：村頭森林
密佈，村邊清溝溪水長流不斷，村腳層層梯田一直延伸到山腳河谷。
村寨周邊種植竹、棕櫚、梨、李、桃等果木樹。特別是竹和棕櫚，按
傳統習慣必須從建寨之日起栽種在寨址周邊。哈尼族把村頭的森林作
為寨神棲息的神林，是村寨的標誌，同時在其周邊栽培竹林也成為村
寨的標誌。村寨與竹林合二為一，村寨被竹林簇擁，甚至有的村寨是
以竹命名。比如，元陽縣的金竹寨（哈尼語叫 almoldol，意為金竹
林）、元陽縣俄紮鄉的哈播村（haqbol，直接取哈尼語對龍竹稱呼的
音）、金平縣的苦筍寨（哈尼語叫 alhaqdol，意為苦竹林）等許多哈
尼族村寨名稱，都是以竹命名的，以竹子命名村寨名的情況在紅河、
綠春等縣的哈尼族地區比比皆是，這裏不一一列舉，由此可知竹與哈
尼族村寨生態的密切聯繫。

　　哈尼族栽培竹子的歷史很悠久，在《哈尼族古歌‧安寨定居》中
對栽竹的地點、季節、忌諱、方法作了這樣的描述：

> 選好了合心的寨地，
> 還要栽三蓬竹子，
> 三蓬竹子栽在哪裏？
> 栽在寨頭的土裏；
> 栽竹要在什麼時候？
> 栽竹要在五月來到的時候。
> 哈尼的兒子不到三十歲，

不能去栽寨頭的竹，

不到三十兒子栽竹子，

只能帶來一世的災難，

栽下的竹子發了，

兒子養不出後代。

栽竹子要有竹子的吃食，

竹子的吃食是三棵青草，

吃食還有雪白的石，

三顆白石頭要墊進竹塘。

栽下三顆青草和三顆白石，

竹子就有吃不盡的食。

栽下去的竹子，

竹尖不能指向寨房，

竹尖指向人的住處，

栽好也要拉出來。[22]

　　哈尼族至今保留著農曆五月初五在村寨周邊栽竹的習慣。他們認為五月初五的「端午節」，標誌著哀牢山區雨水季節的開始，這一天有「栽下碓杵也能成活」的哈尼諺語。因此，家家戶戶喜歡這一天在村寨周圍或房前屋後的菜園栽下龍竹、金竹。屆時，連根帶竹杆挖出一棵老竹，砍去上端部位，留下三米左右的竹杆，栽進備好的竹塘裏，將根部土壤踩實，並讓留下的杆朝向地勢高的方向傾斜。第二年春季一般能長出一棵竹筍，往後逐年發展成竹蓬。

---

22 西雙版納傣族自治州民族事務委員會編：《哈尼族古歌》（昆明市：雲南民族出版社，1992年），頁137。

　　哈尼族在「諾瑪阿美」營造生態家園時，村落的佈局和房屋建築都有了基本的模式，來到哀牢山區後，雖然受地理環境的影響，但村落的環境和房屋的構建中總是力圖找到生態家園的模式，嚴格按照祖先的模式去建築，力求達到人與自然的和諧。

　　哈尼族的自然村落至今大者已達七〇〇多戶，小則十至二十戶，其中六十至一〇〇戶之間的自然村落居多，並以大村和小村相互交錯分佈，村落分佈點相距一至三千米不等。哈尼族梯田與村落協調佈局反映了梯田是隨著人口的增加，從村寨周邊自上而下不斷往山腳河谷地帶擴張，墾田的順序也是自上而下進行的。森林－水溝－村寨－梯田四位一體的有序分佈和協調發展構成哈尼族村落文化的重要生態景觀。這種人地的和諧佈局，既有效地避免了因人多田少而可能引起的紛爭，又可防止因人少田多而造成土地荒蕪，使人盡其能，地盡其力，人土相依，自然和諧。

哈尼族傳統村落景觀
View of the Traditional Villages

五　哈尼族建築類型與生態文化

　　滇南哀牢山區整體處於亞熱帶山區，但山地垂直氣候明顯，不同的海拔地帶形成不同的地理氣候。哈尼族因氣候的不同而形成不同的建築形式。元江壩子和把邊江壩子氣候炎熱，長夏無冬，降水量少，取土方便，因而形成以土為牆的土掌房，厚實的土牆和平頂具有良好的隔熱性能。生活在中半山地區降雨量大，冬暖夏涼，以土為牆，屋頂形成四斜面或雙斜面，斜面坡度大的茅草房或瓦房有利於排水。生活在西雙版納一帶的哈尼族，由於瀾滄江流域氣候炎熱，雨量充足，空氣濕潤，地表易積水，容易滋生蚊蟲、毒蛇。因此，借鑒了傣族的干欄式建築。

　　哈尼族在不同地區地理環境的差異性決定了村落建築類型的差異性，也體現出不同環境的建築生態功能。下文從建築學和生態學的觀點出發，結合地域特徵、地景條件，分析哈尼族傳統民居的建築風格、房屋佈局功能、房屋結構特點和空間特徵等方面體現出來的建築生態文化。從建築類型上可以將哈尼族村落民居分為土掌房、蘑菇房、瓦房、干欄房等四種類型。從建築淵源來看，土掌房和蘑菇房脫胎於氐羌族群平碉式的古建築，瓦房是蘑菇房吸納漢族庭院式建築的變體，干欄房是哈尼族對百越族群建築形式的直接吸納。無論何種類型建築，其結構特點都體現了對環境的適應性。

（一）土掌房建築與生態功能

　　哈尼族源於古氐羌族群，秦漢時期，活動於今川西南雅礱江支流安寧河流域一帶，晚至唐代，哈尼族已成獨立群體脫離於古羌族群，並南遷至哀牢山、無量山和六詔山之間，他們輾轉遷徙過程中仍保留了古羌人的一些文化習俗，體現民族文化特徵的建築文化就是其中之

一。哈尼族進入哀牢山區後，根據其地理環境將古羌族群的平碉式建築進行了改造。

平頂碉式建築以古羌族群后裔藏族民居為代表，其建築特點是平頂土牆，牆體厚，外形下大上小，一般為二至三層。建築平面一般為多個方形組成的平面，較為簡潔，各房以開井為中心圍繞佈局。在建築風格上具有堅實穩重、結構嚴密、樓角整齊的特點，其生態功能就是既有利於防風避寒，又便於禦敵防盜。[23]

哈尼族的土掌房主要分佈在紅河流域和李仙江流域海拔一〇〇〇至一四〇〇米之間的亞熱帶下半山區，即墨江縣的聯珠、龍壩、那哈、壩溜、碧溪、孟弄、泗南江和雅邑等阿墨江流域的鄉鎮，元江縣的咪哩、羊岔街、東峨、因遠等鄉鎮，紅河縣的三村、垤瑪、石頭寨、阿紮河，元陽縣的沙拉拖、馬街、黃草嶺、俄紮，綠春縣的戈奎、三猛、平和、半坡、大水溝、大黑山以及江城縣的嘉禾、國慶等鄉鎮，是生息於這裏的豪尼、阿松、道尼、白宏、西摩洛、碧約、卡多、臘咪、果作、期弟、各和等不同自稱和他稱哈尼族的傳統民居。二〇〇五年四月九日在普洱市墨江縣舉行的第五屆國際哈尼／阿卡文化學術研討會期間，筆者來到聯珠鎮癸能大寨民俗考察時，對該村三社門牌一號哈尼族豪尼人陳忠家的土掌房進行了專門的調查。

癸能村坐落在海拔一三〇〇米的半山腰，座東朝西，土掌房的外形一般為長方形，土木石結構，土牆土平頂，呈一片黃色。牆體厚六十五釐米，由長三十釐米，寬十八釐米，厚十釐米的土坯雙層砌成。一戶家庭的一幢完整的土掌房，一般包括正房和兩個廊廡建築單元，部分土掌房還有廂房和畜廄等附屬建築。一號家庭的正房平面橫寬六點九米，縱深四點一六米，通高四點七米，分上下兩層，底層與二層

---

23 王聲躍主編：《雲南地理》（昆明市：雲南民族出版社，2002年），頁345。

相距二點一米，就地面的底層以橫向二棵大柱為隔開三間，按房屋座向，南面一格作父母的臥室，橫寬二點二米；北面的一格作已婚兒子的臥室，橫寬二點一米；中間一格作堂屋，橫寬一點九米。正房二層的樓板鋪土坯，主要作堆放糧食及雜物。沿正房正面設二間廊廈，廈子的橫長與正房相等，縱深三米，通常僅設地板面一層，上層封頂。緊接正房廈子的左邊設灶和火塘，作烹飪場所；右邊作未婚兒女的臥室。第二道廈子與第一道廈子一樣長寬，頂層開一道天窗，以增加室內亮度，主要作過道、禽畜廐、堆放柴火等雜物之用。正房比廈子高出二米，有四棵大柱，其中二棵隱藏在牆壁內，樓層和頂層均有四棵縱梁，梁上每隔十五至二十釐米放一排樓檁，檁上鋪木排後，四周用土坯合圍，以適當比例的黏土和沙土混合均勻後，用木錘夯實而成平頂，頂層厚十釐米。

　　土掌房的牆底地基壘砌石腳，牆體用土坯砌築，建蓋一道完整的土掌房需用二萬多個土坯。癸能村落佈局街道狹窄，房屋間距小，土掌房一家連著一家，層層上陞，高低錯落有致，富於哈尼族梯田的層次美。

　　之所以說土掌房源於古羌族群平頂碉式建築，是因為它們在形式和功能上有相似的特點。從外形上看，它們為長方體，土牆土平頂，牆體均厚重沉實，具有冬暖夏涼和禦敵防盜的功能。但從土掌房分佈的自然地理環境來看，一方面亞熱帶哀牢山區，特別是海拔一四〇〇米以下的下半山、河谷一帶氣候炎熱，乾旱少雨，主要土壤類型為燥紅土、磚紅壤、赤紅壤，土質易黏易硬，適宜冬暖夏涼、密梁土平頂結構的土掌房。另一方面土掌房可就地取材，造價低廉，經濟實惠；厚重的土頂土牆隔熱避暑，防寒保暖；空間佈局根據地形，高低錯落，富於變化，平頂兼作曬場，平頂土質遇雨易黏合，不致漏雨，既克服了地形的限制，又滿足了人們所需的生活空間。因此，哈尼族的

土掌房除繼承古羌族群文化特徵外，更多的是適應了其居住的地理環境，所有的建築材料既經濟又生態，有益於人們的身心健康。

哈尼族土掌房村落景觀
View of the Tuzhangfang House Architecture

（二）蘑菇房建築與生態功能

蘑菇房是哈尼族傳統民居中最有特色的建築類型，這是哈尼族遷移到亞熱帶哀牢山區後，為適應高溫多雨的半山地帶而將平碉式改進的生態建築類型，即將平頂碉式建築的土層平頂上豎立屋頂木架，並在其上鋪蓋四斜面的茅草頂或稻草頂。因為哀牢山區海拔一四〇〇至一九〇〇米之間主要土壤類型是紅壤、黃壤、黃棕壤，其土質疏鬆，黏性不強，加之降雨季節長，年均降雨量在一六〇〇毫米以上的半山地帶，以土作平頂，雨水顯然容易滲漏。

關於蘑菇房的起源，哈尼族傳統古歌《安寨定居》是這樣講的：

先祖又去到惹羅山上，
瞧見大雨洗過的山坡，
生滿紅個綠個的蘑菇，
蘑菇蓋護住了柱頭，

　　是大雨淋不著的式樣，

　　蘑菇蓋護住了柱腳，

　　是大風吹不著的式樣，

　　惹羅先祖瞧著了，

　　哈尼寨房的式樣有了。[24]

　　紅河流域紅河、元陽、金平、建水等縣境內海拔一三〇〇至一八〇〇米之間的哈尼族房屋建築為土木結構。建房多就地取材，木材忌用被雷擊或無梢的樹，多選擇枝葉繁茂而筆直的麻栗樹或闊葉樹。在墊基石的上面用木夾板定型的泥土築牆或土坯砌牆。從地面一層起有三層，頂層上面覆蓋四斜面茅草頂，村落星羅棋佈地散落在半山腰間，遠望其形猶如朵朵蘑菇，故稱「蘑菇房」。

　　蘑菇房是哈尼、昂倮、糯比、糯美等支系的哈尼族傳統民居建築，其中以元陽縣較為典型。

　　元陽縣哈尼族蘑菇房，從周邊的牆體看，其屋如「牆壁式構造」，實際上牆體主要起擋風寒和防禦的作用，而裏屋的構架還是由垂直的柱與橫樑通過榫接組合成「干欄型」樣式。因此，蘑菇房是在平頂碉式建築的基礎上，吸收了百越族群的干欄型，將干欄式與平碉式揉和在一起，帶有「牆壁式構造」與「構架式構造」相交叉的建築。

　　歷史上，哈尼族的建築測量係用「張臂法」（庹）和「手拃法」，一庹約一點六米，一拃約十六釐米，至遲二十世紀八〇年代仍普遍使用。元陽蘑菇房近似方體，牆體一般橫寬八米，縱深六米，高四米，厚度四十釐米。最上一層覆蓋四斜面的茅草或稻草頂，其斜面角度約

24 西雙版納傣族自治州民族事務委員會編：《哈尼族古歌》（昆明市：雲南民族出版社，1992年），頁139。

四十五度，稻草或茅草層厚三十至四十釐米。房門大多開朝地勢低下的田野方向。經濟條件好的家庭沿正房前、左、右均建耳房，成四合院式的蘑菇房群。根據屋內佈局分人居一層和人居二層二種內部風格。

人住一層的蘑菇房，分佈在元陽縣嘎娘、新城、小新街、逢春嶺、大坪以及金平縣的沙依坡、阿得博、大寨、馬鞍底、金河鎮、十里村、建水縣坡頭、普雄等鄉鎮為四斜面草頂。分佈在紅河、綠春縣內的部分鄉鎮以及元陽縣黃草嶺、俄紮和金平縣的老猛、老集鎮、者米等鄉鎮的稻草或茅草頂為雙斜面。茲以小新街鄉者臺村蘑菇房為例，描述人居一層的內部空間佈局和功能。

者臺村蘑菇房人住就地面的一層，其二層和三層主要堆放稻穀、玉米以及豆類等糧食。哈尼人家秋收時節剛收割回來的穀物都較潮濕，需要在三層樓上把稻穀曬三至五日，再將穀物從樓板中間碗口大的小洞往下放至二層樓上使之進一步乾燥。由於人住一層，設有火塘和爐灶，一年四季煙火不斷，故樓上糧食穀物易幹，最後把已乾燥的穀物存入特設的穀倉裏備用。二層與三層之間距離約一點五米，三層平頂上是斜面稻草或茅草覆蓋，屋脊梁至三層平頂的垂直距離高三至四米，屋脊背斜面以椽子作經線，其上固定數圈竹條作緯線，然後在經緯網上鋪上厚層稻草成屋頂。

人所住一層的房屋平面空間由「母房」、「子房」、「廈子」三部分組成。按房屋坐向看，母房在東，子房在西，廈子緊靠母房和子房的前沿，是進母房和子房的必經之道。「母房」裏屋做成離地面高出八十釐米的彎尺形木樓板面，哈尼語稱「奧達」和「阿娘奧」，將火塘圍在彎尺形內。「阿娘奧」緊沿後山牆壁，並在此設一張床，床頭上方設有祭祖的神龕，床鋪作為祖父或父親的臥室。「奧達」也沿著後山牆壁搭一張床鋪，作祖母或父親的臥室。這裏有明顯的男床和女床的區別，而且同一水平線上，女床不得高於男床。哈尼人家「床邊一

個火塘」的風俗就源於此。「奧達」的樓板面除了搭一張床外，餘下
約六平方米的面積，是一家人進食、議事、家教、閒聊的主要場所。
火塘離地面提高到與「奧達」和「阿娘奧」位置略低的水平線上，並
以泥土澆灌成地板面，立有鍋樁三腳石，現被三腳鐵架代替，作烹飪
之地。離火塘上空一點五米處懸掛長二米、寬一點五米的長方形籬
笆，作熏幹食物的曬臺。奧達與火塘前沿留一條長約六米，寬約二米
的過道，並在火塘的正前方打一飯灶。子房裏面作兒媳婦的臥室，子
房上方的二層作穀倉，並設有嚴密的門板，以防鼠害。廈子除了作過
道外，一般安裝一架腳碓，作脫粒穀殼等之用，也堆放犁、耙、鋤等
生產工具。

　　人住二層的蘑菇房分佈在元陽縣新街鎮、勝村、攀枝花、黃茅
嶺、牛角寨、沙拉拖、馬街等鄉鎮以及紅河縣和綠春縣的部分地區。
茲以新街鎮箐口村蘑菇房為例，描述其內部空間佈局和功能。

　　箐口村蘑菇房，將地面一層用作禽畜廄以及堆放柴禾等雜物。一
層與二層之間相距約一點五米，它們之間以石階或木梯作上下之用。
三層的三分之二是四斜面稻草頂覆蓋的土樓地板，其裏屋堆放稻穀、
玉米、豆類等。餘下的三分之一是石灰或水泥澆灌成平頂作曬臺。曬
臺一般朝東或朝西，以便日光照射。

　　人住二層樓板面，除火塘和灶周圍澆灌成泥土地板外，其餘都鋪
成木樓板面。按照房屋坐向及其內四排十二棵柱子作參照可分成三
格，左面一格靠後山牆處設飯灶，飯灶前沿以竹籬笆相隔作祖母或母
親的臥室。中間一格靠後山牆設有樓梯口，並在其上方設制弔櫃式穀
倉，此間中心區位設火塘，火塘前橫鋪三塊木板稱「奧窩」，並在火
塘前沿靠前牆搭一張床作祖父或父親的臥室。火塘邊縱鋪木板面稱
「奧邊」，是一家人進食、議事、家教閒聊的主要場所。右面一格以
竹籬笆或木板相隔，靠後牆的一半作媳婦的臥室，靠前牆的另一半是
婦女們閒聊的場所。

　　哈尼族蘑菇房無論是人住一層還是二層，其外形似正方體或長方體，牆體厚實，設二至三層樓，土牆土層平頂，既利於防風避寒，又便於禦敵防盜。具有平頂碉式建築一脈相承的文化淵源。為適應滇南哀牢山區亞熱帶高溫多雨的自然環境，平頂土層加蓋厚重的稻草或茅草之後，加之屋內樓層空間距離小，形成冬暖夏涼的生態建築特徵。

哈尼族蘑菇房

View of the Mushroom House Architecture

哈尼族蘑菇房群落

View of the Groups of the Mushroom Houses

哈尼族建蓋傳統蘑菇房
Building Mushroom House

（三）瓦房建築與生態功能

　　哈尼族的瓦房是吸納漢族建築文化的產物。但它未脫離哈尼族傳統建築理念，其源頭仍為傳統土掌房和蘑菇房的變異。從漢民族遷入哀牢山區的時間來看，哈尼族民間地區建蓋合院式瓦房的年代下限不晚於清代。儘管如此，因合院式瓦房只分佈於孤島狀的個別漢族村落，沒有能力對大範圍的哈尼族建築形式形成強大的輻射波，加之受哈尼族所處的自然環境、生產力水準、審美觀念和民族心理等諸多因素的影響。因此，自唐代至二十世紀中葉的千餘年歲月裏，哀牢山區的哈尼族村落，一直延續著具有古羌族群平頂碉式的建築風格餘韻的土掌房和蘑菇房，合院式瓦房自明代後僅移植在土司司署建築群落中，而未被哈尼族民間廣泛採用。

　　二十世紀七〇年代後，筒瓦和板瓦被大量應用於哀牢山區的哈尼族聚落中，其中以紅河流域的新平、元江、紅河、墨江、鎮沅、普洱

等縣域內最典型。剛開始時，人們只是把土掌房的土面平頂和蘑菇房草頂去掉，其頂層上重立人字形的木架屋頂，在其上鋪設板瓦和筒瓦，使之成為雙斜面硬山頂或歇山頂的瓦房，但房屋內部的空間佈局仍然保持傳統哈尼族的風格。隨著經濟實力的增加和族際交往的擴大，哀牢山區哈尼族村落的建築形式變異程度進一步加深，除傳統建築的屋頂被土瓦取代外，其建築結構的空間佈局也發生了變化，其中，滇中漢族合院式一顆印的建築形式已出現在哈尼族村落中，由此引發了哈尼族傳統碉式建築向合院式一顆印建築發展。從總體上，在二十世紀後二十年時間裏，合院式瓦房上陞為哈尼族聚落中數量最多的一種建築類型。[25]從哀牢山區哈尼族村落整體建築形式變遷而言，傳統土掌房和蘑菇房向合院式瓦房、鋼筋水泥平頂房、水泥瓦頂房、石棉瓦頂混合轉型是一種趨勢。這很大程度上破壞了哈尼族村落的傳統人文景觀。茲以紅河縣甲寅鄉咪田寨瓦房為例，簡要描述房屋結構和屋內空間佈局。

咪田寨，二〇〇四年有一七九戶，已有一〇〇年的建寨歷史，由甲寅錢氏家族分寨而立村。從現在的聚落景觀看，顯現出蘑菇房——瓦房——鋼筋水泥房三者的變遷軌跡，三者各占三分之一。瓦房仍是以厚實的土坯牆，長方體，分二層，人住就地面一層。屋內四排十二棵柱子，分三格，房屋按地勢走向坐高朝低，按其坐向朝右的一格作父母臥室；中間一格作堂屋；左一格為廚房，內設火塘和灶。堂屋進出門前是長方形的廂房。

瓦房牆體橫寬十至十二米，縱深六米，高五米，斜面瓦頂屋脊與二層土平頂相距一點五米。堂屋橫寬三點五米，縱深三點七米，高三米，靠後山牆設置供桌，供桌前擺設一張活動飯桌，是一家進食的主

---

25 白玉寶：〈哈尼族建築之源與流變〉，《哈尼族文化論叢・第二輯》（昆明市：雲南民族出版社，2002年），頁274-276。

要場所，也是接待客人的飯廳、客廳。堂屋、臥室、廚房上方的二層一般放糧食。總體上仍然具有傳統蘑菇房的生態特點。

哈尼族土坯牆瓦房

Tile-roofed House with Earthen Walls

（四）干欄式建築與生態功能

哈尼族干欄式建築是為適應滇西南熱帶、亞熱帶半山自然環境而採借百越系統的干欄譜系建築形式，但其室內空間佈局反映出哈尼族特有的文化特徵。主要分佈在瀾滄江流域的瀾滄、孟連、景洪、猛海、猛臘等縣市內。茲對西雙版納一帶的哈尼族干欄房略作分析。

居住在西雙版納州內景洪、猛海、猛臘一帶的哈尼族村落建在海拔一〇〇〇米以上的中半山區，三面環山，一面臨河，房前屋後都栽植竹蓬和果樹，環境清幽而典雅。傳說西雙版納一帶的哈尼族與傣族居住在九十九匹馬也跑不過的大壩子裏，兩族人親如兄弟，哈尼族上山獲得的獵物，要分一半給傣家，而傣族人捕獲的魚蝦，也要分一半給哈尼人。由於人口增多，兩族人商量分家時，哈尼族騎著馬鹿，傣族騎著馬，決定馬鹿所經的地方歸哈尼，而馬所經的地方歸傣族。結果馬沿著河谷壩子跑，而馬鹿往山青草地裏跑。因此，傣族住壩子，哈尼族移居到半山上。

　　干欄式樓房哈尼語稱「擁戈」，其外形與傣族竹樓基本相似，但其室內佈局與文化內涵不同。一般都建在坡地挖成平臺的地基上，用十根柱子、六根副柱，攔腰鑿洞穿榫而成，一樓一底，底層不築圍牆，四周合圍竹木柵欄，多用作畜廄，同時，安裝腳碓和堆放雜物，人住二層木樓板面，有四排木柱，四周仍用竹板或竹籬笆合圍，有的用木板合圍，冬暖夏涼。屋頂以茅草、竹片或瓦片覆蓋，呈歇山式四斜面，斜面坡度三十度以上，排水性能好。人住樓層一律分為兩大部分，中間以木板或竹籬笆相隔，靠近前門出入方便的一間稱「波蘿坡」，為男性成員的住室，兼作客廳。靠近後門的一間稱「擁瑪坡」，為女性成員的住室，兼作廚房。男室與女室各設有火塘，男室內的火塘平時很少用作煮飯，多用於取暖和煮茶，昔日無電時也作照明，女室的火塘除供取暖照明之外，還以此多作飲食烹飪場所。男室上方還設有一層小樓，用以堆放穀物及生產生活用品。男女室各設一道門，門前有樓梯，來客登樓，男女有別，男客應從男室的樓梯上下，女客應從女室的樓梯上下。男室門前設有一個陽臺，是做紡織、軌棉、挑花等活動場所。

　　西雙版納一帶的哈尼族居室除干欄房外，尚有落地式的茅草屋，哈尼語稱「擁熬」，多分佈在坡地上。蓋房時要在坡地上挖出一臺階，下方栽上樹叉，在樹叉與土臺山牆之間提升至離地板面一米高的木架平臺，然後以竹籬笆鋪在其上成樓臺，在樓臺上再搭屋頂架，屋頂成雙斜面草頂。這種住屋較為原始，多為生活困難家庭或孤寡老人的居室，現已逐漸消失。[26]

---

26 毛祐全等編：《哈尼山鄉風情錄》（成都市：四川民族出版社，1993年），頁10-12。

哈尼族干欄房

Ganlanfang House Achitecture

　　綜上所述，無論是何種建築類型的哈尼族民居，一般都在緊靠正房或大房前沿佈局有一層一頂的耳房，其平頂是人們乘涼、做針線活、篾活的好場所。耳房裏的人住在地面一層，主要作為已婚兒子媳婦或未婚兒女的臥室。無論是何種建築類型，哈尼族建築的整體房屋平面佈局以封閉式為主，通風透明度差，這是為了保持室內的溫度，視窗少，火塘無排煙管道，室內牆體及樑柱被煙薰火燎後如同塗上了一層黑油漆，樑柱不易腐蝕，從而延長了使用壽命期。室內空間利用是按功能進行佈局，不注重美觀，注重實用性。由於受地勢的影響，村落的房屋建築錯落高低無序，建築樓層不高，以便保持室溫。人住層是哈尼族家庭成員飲食、休息之所。

　　哈尼族建築無論人住一層或二層，人的起居飲食場所都提高到離地面一定距離的木樓板上，而且火塘和穀倉也如此。從生態功能來看是為適應滇南哀牢山區濕潤的亞熱帶氣候而所建，也是哈尼族把生態知識運用於建築學的表現。對此，日本學者若林弘子把人居住層搭建

在離地面一至二米高處的雲南少數民族建築稱其為「高床式住房」，其中的火塘和穀倉也稱「高床式火塘」和「高床式穀倉」。若林弘子認為，倭族（古代西南夷之一）在太古時期是從事以水為媒介的水稻農耕。同時，他們為了保護炊事用的火不被水所滅，也有必要把保存火種的火塘裝設在高床式的地板上。而高床式的建築是稻作民族的先祖為適應水稻農耕合理設計出來的建築式樣，也是倭族的文化特徵。[27]

屋內佈局的祖父或父親臥床，床頭上方懸掛祭祖供臺——神龕，是一家宗教祭祀的場所，是祖宗神靈棲息之地。祖父的床位在祖父去世後由父親繼住，父去世由長子繼住，永不讓床鋪空閒。父親在時，兒媳婦嚴禁踏入此地，否則，視其為對男性長輩的不敬行為，認為會受到神靈的懲罰。在家正常亡故的人，無論長幼，都必須在此床上斷氣。哈尼族將此處視為祖宗魂靈棲身之地，既反映了祖先崇拜在哈尼族宗教信仰中的地位和作用，也反映出哈尼族明確的男性繼嗣原則。

火塘和灶除了烹飪功能外，還具有熏乾曬臺上的稻穀、取暖、照明等功能。同時，火塘又是房屋中心的象徵，是整個血親家庭的核心標誌，是家庭溫暖和光明的源泉。每當夜幕降臨，在夜空下的全家老小圍坐在火塘邊進食和閒聊，老人悠閒地講述著古老而神奇的故事傳說，父母給兒女們傳授民族歷史、梯田農耕經驗等知識。火塘給人以溫暖和樂趣。

火塘在哈尼族家一年四季不熄滅，人們即使外出勞作，也要把火紅的碳用灰捂埋起來。火，哈尼人將其當作是祖先留給後人的一份珍貴遺產，是一種凝結著智慧與力量的永恆而神奇的禮物。他們認為火塘就是血親家庭的中心，是溫暖和光明的源泉。每當夜幕降臨，全家

---

27 〔日〕鳥越憲三郎等：《倭族之源——雲南》（昆明市：雲南人民出版社，1985年），頁79。

老小圍坐在火塘邊，烹製飲食、進行家庭教育、商議家事或閒聊，以此調劑身心，陶冶性情，把一天的疲勞拋在外，給人以無窮的溫暖和樂趣。

第六章
哈尼族制度文化中的生態文化

　　哈尼族在長期的社會生產生活中，為了維持社會的穩定，協調人與人之間、人與自然之間的和諧，在其生產生活、宗族及其社區內部形成了各種禁忌。由於哈尼族歷史上沒有與自己語言相應的文字，這些禁忌以口頭規定形式存在於哈尼人的觀念中，並規範著人們的行為。這種不成文的約定俗成的規定，學術上稱之為「習慣法」。哈尼族的習慣法涉及範圍極廣，幾乎覆蓋了哈尼族生產生活的方方面面，特別是在生物多樣性保護與資源可持續利用方面也進行了詳盡的規定，這些規定融入哈尼人的思想觀念當中，並貫徹於哈尼人的行為實踐當中，為保護生物多樣性及相關傳統知識起到了極為重要的積極作用，充分體現了哈尼族制度文化中的生態內涵。

一　哈尼族習慣法對生物多樣性的保護

（一）習慣法的整合

　　歷史上，哈尼族的早期社會由「最、批、技」三種人物統治。「最」，即官，是氏族部落的首領；「批」，即莫批，是從事哈尼族社會祭祀活動的祭師；「技」，即鐵匠、木匠、石匠等具有技術的人。哈尼族社會父權制建立後，形成部落首領和原始宗教祭師合二為一的「鬼主」統治制度。隨著鬼主經濟、軍事實力的增大。鬼主從祭師中分離出來，最終演變為元明清的封建領主──土司。哈尼族由於歷史

上沒有自己的語言文字符號系統，因此，哈尼族歷史社會無成文的制度文化系統，以約定俗成的習慣法維持其社會，並以口碑和物象的形式流傳。但到了晚清，個別地區借助漢民族文字保存和傳播本民族的習慣法，進而整合了歷代口碑傳頌形式與碑文刻字的保存方式。如普洱市江城縣江邊鄉一碗水村西側有一塊用漢文石碑刻於嘉慶十六年（一八八一年）立的「牛宗碑」，碑文內容有「八禁」：一禁竊牛盜馬；一禁蓄賊縱賊；一禁半路御人；一禁棚火闖室；一禁黑夜入家；一禁白晝劫搶；一禁盜人五穀；一禁匿人什物。另一塊牛宗碑立於該縣洛灑鄉洛灑寨，據說已有一五〇多年歷史，其碑刻著五種「稟罰不辜」的犯罪及其法定刑：一治偷牛盜馬者丟江；一治挖壁洞者挖眼目；一治非控打鐵者送官；一治有藥有鬼放火燒；一治偷雞摸鴨宰指頭。[1]

上述內容涉及侵害財產權利、人身權利、公共安全、違反官府規定等。但是，哈尼族的習慣法大多融入在禁忌內容中。禁忌是哈尼族社會生活中的一種行為規範，是習慣法的淵源，其內容涉及生產生活、家庭和村落祭祀、婚姻家庭、村落組織、公共秩序等方面。具有規範本族群眾的行為、保護神的權益、維護倫理道德和保持習俗的作用。因此，禁忌行為在哈尼族地區延續至今。以禁忌為主要內容的習慣法在哈尼族地區與現行法律法規具有異曲同工的效果。

（二）保護生物多樣性的生產生活禁忌

哈尼族是一個山地農耕民族，他們日出而作，日落而息。哈尼族的禁忌內容十分繁雜，它涉及社會生產生活、語言、宗教等方面，規範著人們的思想行為。面對豐富的自然資源，哈尼族並非無節制地索

---

1 張曉輝、盧保和：〈論哈尼族的習慣法及其文化價值〉，《首屆哈尼族文化國際學術討論會》（昆明市：雲南民族出版社，1996年），頁414-415。

取，而是以禁忌的方式，借助神靈的力量來約束人們的欲望和行為。
這裏僅列舉在生產生活方面對保護哈尼族地區生物多樣性產生積極影
響、對人們合理利用資源的行為規範有著重要意義的禁忌內容及其懲
罰制度。

1　生產禁忌

哈尼族十月年、昂瑪突等重要的節日慶典期間停止生產活動，嚴
禁將青枝綠葉帶回家中。

聽見第一聲春雷要停止生產一天，聽見第一聲布穀鳥啼鳴要忌
日，並蒸熟糯米飯祭獻。

寨子裏出現虎豹或野獸襲擊家畜，全寨人停止生產一天。

寨子裏發生燒房子或母雞學公雞叫，全寨人停止生產一天。

打穀時，有蛇掉在谷船中認為不祥，應將其穀粒一起倒入流水中
沖走。

追攆獵物的過程中，獵物進入村寨時要停止打獵。嚴禁捕獵哺乳
期的獵物。上山打獵，下河摸魚忌諱碰到蛇。家有孕婦忌諱上山狩
獵。不打喜鵲和報春鳥，不捕屋簷下做窩的鳥和蜂子。不吃烏鴉、燕
子、點水雀。

上山採集不採雙連果和被野物啃食過的果實。

上山砍柴忌諱砍小樹、老樹，忌諱砍去樹尖。屬龍或屬羊日不能
背柴回家。

寨子裏出現非正常死亡事件的那天不幹活。

2　生活禁忌

孕婦及其丈夫在懷孕期間忌攀樹摘果，認為被有孕夫婦採摘過的
果樹以後結果會生蛆。孕婦臨產前忌去拿別人家的姜巴，忌吃生薑，

認為偷吃了生薑會生多指的孩子。忌男人進入產房。產婦滿月前忌到別人家走動。忌出嫁的女兒回娘家生孩子。

冷飯和孩子吃剩的飯，不能拿去餵狗。忌在灶上煮狗肉，哈尼族有句俗話說「狗肉不上灶」，所以哈尼人家煮狗肉時一般是另生一堆火。「新米節」的新米必須先祭祖而後餵狗，然後全家人才開始享用。

忌傷害燕子，認為若搗毀燕窩或傷害燕子就會生禿頭病。

哈尼山寨出殯時不許橫穿神林；也不允許別的寨子的人騎著馬橫穿本寨，所以愛騎馬的人在走進哈尼山寨時要下馬走路。

忌去神林中砍樹、打柴、解大小便，忌女子入神林，否則神靈會怪罪全寨人。

（三）違禁裁判方法與懲罰制度

在哈尼族民間的傳統民事糾紛，一般通過宗族內部或村寨「長老」調解，並合理解決糾紛。但是，刑事案件一旦矛盾激化，不可調和時，雙方均可求助習慣法。

1 違禁裁判方法

哈尼族習慣法對保護生物多樣性的條款中，一旦違禁，當事人證據不足的疑難糾紛的裁判方法可以用下幾種判決方式：[2]

賭咒：賭咒由莫批主持，雙方當事人當著群眾，向神靈或祖先發誓咒語，申辯各自判斷的理由，對神靈或祖先作出嚴肅而神聖的發誓。他們相信一旦誓言中的判斷或辯解與事實不符，就會受到神靈的懲罰，因此，賭咒方法的運用極為普遍，時至今日，在一些哈尼族地區仍使用此方法解決糾紛。

2　白克仰主編：《紅河哈尼族文化史》（昆明市：雲南人民出版社，2006年版），頁472-474。

　　沸水、沸油中撈物：莫批念咒語並將其物置入沸騰的漲水或漲油中，雙方當事人從沸水或沸油中赤手將莫批投入的物品撈起，依據手臂是否燙傷和傷勢輕重程度進行裁決。傷者或重者為敗訴人。

　　「牛紮」與「昂紮」：牛紮就是宰牛，昂紮就是宰豬，用於處理偷盜糾紛和涉及幾個村寨的重大糾紛。舉行牛紮或昂紮的方式斷案，雙方當事人需按案件的輕重，準備不同數量的牛或豬，宰殺後供全寨人員享用，而牛或豬的頭、腳須掩埋於地下，掩埋時要念咒語，以借助神靈的力量增加裁判的效力。

　　觸摸模擬衣冠屍首：將模擬的暴亡者的衣冠屍首置於地面，莫批念咒，雙方當事人觸摸模擬的屍首並賭咒發誓，不敢摸者為敗訴，以此判斷黑白。據說二十世紀八〇年代，紅河縣垤瑪鄉楊八寨村民的耕牛被盜，推行「摸屍」賭咒，賊人深怕報應，面對惡術，心態失常，神色驚變，承認了三頭被盜的耕牛並送回了失主。「文化大革命」時期，紅河縣垤瑪鄉的二十餘頭耕牛被盜，經公安人員多方偵察無著落。後來例行此法，那些盜牛犯做賊心虛，表現出了驚慌失措、臨陣退卻的反常形態。爾後，他們一一招認了盜牛的罪狀。

2 懲罰制度

　　哈尼族的傳統裁判雖然帶有迷信、不科學的人為成分，但當事人受到相應的懲罰後，具有殺雞儆猴的作用，對維護哈尼族社會秩序有著現實的法律意義。哈尼族習慣法的懲罰制度名目繁多，對保護生物多樣性具有積極作用的懲罰制度歸納起來有以下幾種：

　　經濟制裁：罰款是最常見的經濟制裁，即強迫違法者無條件地向公眾或受害人支付一定的貨幣，如果無貨幣，可用其它等值的財物家畜和家禽充抵。罰款的適用範圍很廣泛，刑事、民事均可處以罰款，如污染水井、盜伐水源林、破壞公共設施、盜伐寨神林等案件均可處

以罰款。罰款金額多寡視其情節輕重和悔過態度等具體情況由群眾決定。罰款所得一般用於村社的集體活動。如果受害人屬個體，眾人強迫違法者無條件向受害人賠償經濟損失。

宗教制裁：適用於冒犯神靈的人。比如，擅自入寨神林禁地，盜伐林木或攀折林中草木枝葉，即令其以雞鴨狗等犧牲進行「洗寨」儀式，以示贖罪洗刷罪惡，以免觸怒的寨神降禍於村落。「洗寨」儀式的所有費用由違禁者承擔。招寨魂，主要懲罰那些未婚先孕、同胞亂倫的違反者。比較特殊的是用於其它村寨的人無故死於寨子裏或其它村寨的人不經同意抬著暴死的屍體經過寨子或穿過寨神林事件，必須舉行寨神招魂儀式，所有費用由違禁者承擔。

罰工：即強迫違禁者無條件地向村社提供無償勞動。罰工範圍很廣泛，小至偷一包青包穀，大至故意打人、污染水源、盜伐神林、未婚先孕等案件。這種處罰方式可以同其它處罰方式並用。罰工多為村社修橋、修井、補栽樹木等。

二　哈尼族村規民約對生物多樣性的保護

二十世紀八〇年代後，哈尼族習慣法的許多內容被寫入鄉規民約、村規民約中，從此，以文字形式固定下來，在維護哈尼族地區社會經濟的發展中，有時起著法律無可替代的作用。因此，隨著社會經濟的發展、文化的變遷，哈尼族習慣法已發生了變化。其最大的變化是由口頭規定轉變為文本形式，現在，許多哈尼族村寨都制定了文本形式的村規民約。

（一）村規民約與生物資源管理的內容

現以雲南省元陽縣新街鎮箐口村、大魚塘村、全福莊，[3]紅河縣樂育鄉壩美村、俚厄村和綠春縣大興鎮俚別新寨[4]等六個哈尼族村寨村規民約文本為例，來分析哈尼族村規民約對保護與可持續利用生物多樣性及相關傳統知識的影響。

這六個哈尼族村寨的村規民約由村委會或村民小組制定，經村民大會一致通過確定。制定時間最早的是俚厄村（一九九〇年制定），最晚的為大魚塘村（二〇〇九年五月十七日制定實施）。這六個村寨的村規民約都涉及到生物資源的管理，現將其相關條款內容摘錄如下，以便分析村規民約對生物多樣性的保護作用。

1〈箐口民俗村村規民約〉

……

第八條：自覺維護水利設施，嚴禁砍伐國家、集體或個人的林木，不准在村附近挖沙取石，防止洪水氾濫、出現洪災泥石流等現象。

……

第十三條：嚴格管理家畜，村內不得養狗，防止傷害遊客，豬實行廄內飼養，嚴禁放出，防止雞鴨損壞莊稼和育苗，不讓牛去損壞莊稼和育苗。

……

第二十一條：農戶不得私自亂開墾集體土地，已經開發開荒

3　楊京彪：《哈尼族傳統文化與管理方式對森林生物多樣性的影響與評價》（北京市：中央民族大學碩士學位論文，2010年），頁55-57。

4　黃紹文執行主編：《紅河哈尼族文化調查》（內部版，2006年），頁233-238。

的，應無償退還。

……

第二十三條：護林防火，保護國家森林資源。村內家庭用火藥
嚴加防範，不得有誤，自覺維護消防設施，不私自動用消防
栓、消防水，時刻保持警惕。

……

2〈元陽縣新街鎮土鍋寨村委會大魚塘村民制定法〉（二○○
九年五月十七同制定）

……

第一條：本村民偷魚、雞、豬、狗、竹子、樹、菜、玉米、豆
等，抓著一人次罰款二○○至四○○○元，又爭吵者加罰二○
○元。

第二條：本村民偷牛者，抓著一人次罰款一○○○○元至一五
○○○元，又爭吵者加罰五○○○元。

第三條：外村人偷魚、雞、豬、狗、牛、竹子、樹、菜、玉米
等，抓著一人次罰款一○○○○元至二○○○○元，又爭吵者
加罰五○○○元。

……

3〈全福莊村委會關於加強保護村有森林資源管理實施辦法的
通知〉（二○○七年七月一日制定）

……

第一條：全福莊轄區的集體林和水廠林地均屬全福莊集體所
有，任何單位或個人不得侵犯，林權由全福莊四個自然村合夥
管理，認真做好依法保護和培育工作。

……

第三條：森林管理員班子和一般護林員要實行聘用制，由村委

會負責認可，護林員的主要職責是巡護林區，禁止破壞森林資源的行為，對造成森林資源破壞的護林員有權當場制止和報經林管會視情節輕重處罰，全面實行封山育林機制。

第四條：禁止在林區內放牧，經護林員查實後，牛不分大小，每頭每次罰款五元，經教育頑抗不改者應加倍處理。

……

第六條：採伐樹木必須經過村委會和老年協會辦理有關審批手續，不准任何單位或個人亂砍濫伐，若遇老人去世，同意審批二棵抬扛，免收管理費。

第七條：若發現亂砍濫伐，根據所盜樹木以出土二十公分高度為量測，已盜樹木的圓周長每公分罰款〇點五元，被盜樹木不分大小，按尺寸推算處理。

第八條：盜伐柴火者，砍伐手指一樣大小的樹苗時每背罰款二十至三十元，並責令要按照所砍株數的十倍補種賠償損失，其餘修枝、乾柴、解放草等，視情節輕重每背罰款五至十元。

第九條：除上述集體林區外，本村委會還有很大的一部分自留山、聯產承包山、責任山和退耕還林面積，不許任意砍伐，要認真管理好，若發現濫伐要按上述所規定的制度推算處理，若出現屢教不改者實行嚴加懲罰。

……

第十一條：全福莊所屬的集體林區內，除了所劃定給農戶管理的自留山、責任山和退耕還林外，嚴禁非法佔用林地，若發現沒審批手續私自佔用者應該及時收歸集體使用，還要嚴禁破壞樹林隨意埋墳現象發生。

第十二條：為了生態平衡，認真護理竹林，農戶為了生活用品的需要時，必須經過林管會同意適當可以解決。若發現沒有辦

理審批手續亂砍濫伐的每棵竹子罰金一元。若發現盜食竹筒的每棵同樣罰一元。

……

4〈紅河縣樂育鄉窩郍垤村委會倮厄村民小組村規民約規定〉（一九九〇年制定）

……

1 破壞樹木，土地的相關處罰條例

（1）在水源區砍一背濕柴罰十五元；圍地邊亂砍發現一次罰五元；公路上下偷砍一棵行條罰二〇〇元，晚上偷砍加倍；偷砍老樹，杉樹罰三〇〇元；橡子每棵五元，偷砍叉叉每棵五元。

（2）偷砍私人種植的樹木，除賠償損失外罰二〇〇元至三〇〇元。

（3）在水源林區亂放牛，每頭罰五元，羊二元，小牛減半。

（4）毀林開荒者，每分地罰二十元（每畝地二〇〇元），並責令退耕還林。

2 牛馬牲口糟蹋莊稼處罰條例

（1）本村大牲畜水牛、黃牛、馬等糟蹋莊稼每頭罰三十元，豬、羊每頭罰十五元，小的減半處理。外村牲畜，牛、馬每頭罰五十元，豬、羊每頭罰二十元）。上述條款除罰款外還要賠償損失。

3 社會治安懲罰條例

（1）偷包穀、四季豆、黃豆、薯類等作物，賠償損失外，發現一次罰款五十元。

（2）在承包地、自留地種植樹，偷砍一棵罰三十元外還要賠償損失。其中杉樹老樹等珍貴樹種每棵罰一〇〇元。

......

（6）在集體封山區偷賣木料者每棵罰三○○至六○○元，柴火每背三十元。

（7）亂砍刺竹每棵二角，竹子、竹筒每棵一○○元。

（8）在自留地、承包地內挖魚腥草每人每次罰十元，亂放鴨、雞、鵝每只罰1元，小兒減半。在池塘裏偷魚者罰五十元，並賠償損失。

（9）在集體人畜飲水皮管線上擅自抽水、割斷、偷者發現一次罰一○○元以上，並賠償損失。

......

5〈紅河縣樂育鄉尼美村委會壩美村村規民約〉（二○○三年六月二十二日制定）

......

第一章　保護屬於壩美管轄範圍內的集體財產

第一條：未經村委會批准，擅自砍伐一棵樹（不分大小），罰一○○元，砍伐一背柴，罰一○○元，砍一棵果木樹罰一百五十元；野外引發火災，除補栽小樹外，每畝罰款三十元，超過一○○畝的，移交林業機關。

第二條：未經主人同意，砍一棵金竹罰五元，採集一棵刺竹筒罰五元。

第三條：擅自佔用一口水源罰一○○○元，破壞一次水管罰三○○元，並修復原樣。

......

第五條：破壞龍樹河周邊大樹，民族風俗活動地方，破壞一次罰一○○○元。

第六條：佔用磨秋場地的，佔用一個平方罰三○○元。破壞一次罰三○○元。

第七條：往塘子裏丟進死牛爛馬死豬死羊者，發現一次罰所丟進牲畜的同等價，丟進一隻死老鼠罰五十元。丟進農藥和鼠藥的罰一〇〇〇元。

……

第二章　保護個人財產

……

第十二條：未經主人許可，不得擅自進入自留地拿菜和作料，一旦發現罰款五元（除公用外）。

第十三條：侵佔和破壞他人的經濟林木生產設備資料的，按破壞經濟價的十倍罰款。

……

第十七條：莊稼被人和牛、馬、羊糟蹋的，按其價的二倍賠還以外，情節嚴重的，村務委員會還要罰一五〇至二〇〇〇元。

第十八條：不得在田邊地角放牧，勸告不聽者罰一〇〇元。

第十九條：對牲畜、家禽不正當傷害的按其價值的一至三倍賠還。

第二十條：漁業被毒傷或偷盜的要一至三倍賠還。

……

6〈綠春縣大興鎮岔弄辦事處俁別新寨村村規民約〉（一九九一年七月六日制定）

……

第五條：故意爭奪土地者罰款九十九元。

第六條：牲畜吃毀莊稼應罰其主人四十至七十元。

第七條：盜伐森林者罰款一五〇至二〇〇元。

第八條：生產用火燒山者，應罰三十元。

……

（二）村規民約對生物多樣性的保護作用

筆者通過長期的田野調查研究，並結合上述六村哈尼族村規民約中相關內容的分析，哈尼族村規民約內容對生物多樣性的保護作用及生態文化內涵可以歸納為以下幾個方面：

1 哈尼族的村規民約注重自然環境和生物資源的保護

在上述六部哈尼族的村規民約中，對自然環境和生物資源的保護條款內容均佔據了大量的篇幅，這說明哈尼族對自然環境和生物資源保護的高度重視。森林—溝渠—村寨—梯田四位一體的有序佈局是哈尼族地區生物多樣性豐富、生態功能完善、生態平衡顯著的自然與人文有機結合的生態文化景觀。作為一個人工生態系統，人為的管理與自然調節是同等重要的，特別對作為水源涵養地的高海拔山區森林保護，對維繫整個梯田生態系統起著至關重要的作用。正是由於高山區原始森林的完整保留，才形成了哈尼族地區「山有多高、水有多高」的獨特自然生態環境。因此，哈尼族對於森林的保護極其嚴格，哈尼族不僅通過確定神山神林、定期舉行各種宗教活動等自然宗教意識的精神層面對森林進行保護，而且還制定了許多嚴格的村規民約對其進行保護。哈尼族各村寨的村規民約中，明令禁止破壞森林、毀林開荒、亂砍濫伐、過度放牧等，並且制定了詳細的懲處措施。

在生物資源的利用和保護方面也作了詳細的規定。如倮厄村村規民約對刺竹、金子、竹筍、魚腥草、老樹、杉樹、橡子樹等物種進行了特殊規定；壩美村村規民約對果木樹、金竹、刺竹筍等物種進行了特殊規定；全福莊村村規民約對竹林保護進行了特殊規定；大魚塘村村規民約對魚、雞、豬、狗、竹子、樹、菜、玉米、豆等的偷盜行為進行了專門規定。田野調查的其它資料也表明，哈尼族所有村寨的村規

民約都針對牲畜、家禽對莊稼的毀壞進行了專門的規定。這些規定不僅以文本形式存在，而且深深植根於哈尼族的觀念意識中，時時刻刻規範著其行為活動，為保護和可持續利用生物資源起到了積極作用。

2 哈尼族村規民約以經濟處罰為主，且處罰力度大

哈尼族村規民約中的懲罰方式幾乎全部為罰款，即採取經濟懲罰手段。對於經濟尚不發達、人民生活尚不富裕的哈尼族來說，經濟懲罰能對大多數哈尼族家庭形成足夠的威懾，迫使其不敢違反規定。而且哈尼族村規民約的處罰力度遠遠超出其違規獲益的成本。如壩美村村規民約規定：「擅自砍伐一棵樹（不分大小），罰一〇〇元，砍一背柴，罰一〇〇元，砍一棵果木樹罰一五〇元」，「破壞龍樹河周邊大樹，民族風俗活動地方，破壞一次罰一〇〇〇元。」倮厄村村規民約規定：「在水源區砍伐一背濕柴罰十五元，圍地邊亂砍發現一次罰五元，公路上下偷砍一棵行條罰二〇〇元，偷砍老樹、杉樹罰三〇〇元，橡子每棵五元，偷砍叉叉每棵五元」，「亂砍剌竹每棵二角，竹子、竹筍每棵一〇〇元。」倮別新寨村規民約規定：「牲畜吃毀莊稼應罰其主人四十至七十元」，「盜伐森林者罰款一五〇至二〇〇元。」大魚塘村村規民約規定：「本村民偷魚、雞、豬、狗、竹子、樹、菜、玉米、豆類等，抓著每一人次罰款二〇〇至四〇〇〇元，又爭吵者加罰二〇〇元。」全福莊村規民約規定：「盜伐柴火者，砍伐手指一樣的小樹苗時每背罰款二十至三十元，並責令要按照所砍株數十倍補種賠償損失，其餘修枝、乾柴等，視情節輕重每背罰款五至十元。」箐口村村規民約規定：「對違反本村村規民約的，情節一般的五十至二〇〇元人民幣的罰款，情節嚴重的處二〇〇治一〇〇〇元的人民幣罰款，情節特別嚴重的，將送司法機關處理。」所有這些罰款數額無一不體現經濟處罰的力度。

將上述六個村寨村規民約中規定的處罰金額與當地農民經濟收入進行比較，可以明顯發現處罰力度很大。全福莊對盜伐者處以十倍賠償，箐口村對違反村規民約的最高經濟處罰為一○○○元，相當於一個村民一年的純收入，而大魚塘村的最高經濟處罰為四○○○元，是一個家庭農戶全年的純收入。由於所有這些村規民約規定的最高處罰金額很高，因違反村規民約而帶來的高額罰金對於收入偏低的哈尼族來說無疑是一個沉重的負擔，因此，哈尼族村規民約在哈尼人思想意識中產生一種無形的壓力，並滲透到哈尼族日常生活的方方面面，對維護哈尼族社區的和諧穩定、規範哈尼人的日常行為活動起著重要作用。

3 哈尼族村規民約執行保障的社會文化土壤

哈尼族村規民約的執行依靠的是傳統倫理道德的約束與社會輿論的壓力，其借助的力量來自哈尼族對家族和村寨的認同感和歸屬感。上述六村的村規民約中都是只規定了處罰金額，而沒有對其採取何種方式執行的規定。這是因為在哈尼人的理念中已經形成了一個個無形的禁規（習慣法），如果自己被認定違反了村規民約，必須是無條件地接受處罰。一旦有人被認定違反了村規民約，假如其抗拒不接受處罰，那麼其接下來將遭受更為嚴重的處罰。這種處罰並非強制性的財產或人身權利的剝奪，而是其在哈尼族社會活動的參與權被剝奪，並且遭受村寨和宗族其它成員的指責、唾棄、歧視等精神的折磨。

在哈尼族社會裏，個人或個體家庭力量相對於村寨的集體力量是微不足道的，哈尼族社區內部的任何一個成員想要生存下去，都需要借助社區集體力量的幫助。比如，嫁娶喪葬、起房蓋屋、修築溝渠等對哈尼族來說是十分重要的事務，如果僅依靠個人或個體家庭的力量是無法完成的，在哈尼族村寨，當一戶人家要建造房屋時，幾乎全村

每個家庭都會來幫忙。另外，優良的稻種對於保證梯田產量至關重要，為了防止品種老化使得哈尼族社區一直存在著交換稻種的傳統，一般情況下，一個家庭種植一個稻種三至五年便會同親戚、朋友、鄰居等交換稻種，儘管有時交換的是同一個品種。若單個家庭脫離了社區，單靠自己的梯田進行稻種的選種育種不僅耗費大量人力物力，而且難度極大。

個體成員或個體家庭在宗族祭祀、宗教活動以及嫁娶喪葬方面更是顯得勢單力薄、力不從心。如果一個人因為違反村規民約而被宗族和村寨摒棄，那麼他及其家庭將不得參與宗族和村寨的任何集體性祭祀和宗教活動，當其家庭發生婚喪嫁娶等人生大事時也將很少有人參與，而最為嚴重的則是被開除宗籍、村籍，不准入葬祖墳。這樣一來，此人及其家庭將失去參與村寨一切集體活動的權利，其宗族對村寨的歸屬感、認同感將完全喪失，不僅在日常生產生活中面臨諸多不便，而且在精神層面遭受沉重的打擊。因此，強大的社會輿論和哈尼族的人生觀保障了村規民約實際的法律效力和實質的強制性。

4 哈尼族村規民約與現行法律的差異互補性

哈尼族的村規民約經歷一個由口述性、零散性向文本化、制度化的演進過程。由於哈尼族沒有傳統文字，哈尼族傳統的村規民約都是採用口頭方式制定和傳承的。但哈尼族有豐富的口傳文化，這種文化為哈尼族習慣法採用口述傳承提供了良好的社會文化土壤。但到了二十世紀九〇年代，大多數哈尼族村寨開始將村規民約文本化，即以書面形式將村規民約記錄下來並公告於眾。

哈尼族村規民約與現行法律體系的最大差異除了在表述方式上口述化、零散化向文本化、制度化過渡之外，在執行方式上也存在差異性。現行法律體系依靠的是國家暴力機關執行，而哈尼族村規民約的

執行依靠的則是傳統倫理和社區輿論，也就說，一個是硬體的制度的體現，一個是軟體文化實力的表達。現行法律體系只能是對最基本的社會道德行為的規範，而法律規定以外的許多事情雖然在情理之中，但卻難以用明確的法律文字來界定。哈尼族習慣法體現的是更高層次社會道德行為規範的約束，相對於現行法律體系而言，哈尼族習慣法調解的範圍更寬廣、更深入。因此，對維持哈尼族社區的和諧、促進哈尼社會的發展有更為深遠的意義。

此外，現行法律體系與習慣法在哈尼族社區的普及度、接受度和實效性等方面存在顯著的差異。以當地森林資源的保護為例，〈森林法〉早已於一九八四年頒佈實施，雲南省也於二〇〇二年頒佈實施了〈雲南省森林條例〉，但由於社會文化與經濟等方面的原因，此類法規條例在哈尼族社區普及率很低，許多村民對其條例內容知之甚少，法律意識十分淡薄。由於我國法律體制尚不完善，法律執行力度差異性大，因而現行法律體系在哈尼族社區並未起到決定性的作用，實效性偏低。相反，哈尼族習慣法是由村民大會制定，轄域很小，十分容易貫徹到每一位村民的觀念意識中，普及性很高。加之，社會文化的宗教認同和強大的社會輿論對違規者產生強大的社會壓力迫使其不得不接受懲罰。因此，在哈尼族社區，傳統習慣法的實效性很強，鮮有違反現行法律而拒絕接受懲罰的案例。

5 哈尼族村規民約缺乏對「生物剽竊」的認識

從上述六村哈尼族村寨的村規民約中可以發現，其對偷盜行為的處罰力度是甚嚴的，哈尼族自古以來對偷盜行為深惡痛絕，竭力制止。但由於人們科學知識的欠缺，哈尼族對日益猖獗的「生物剽竊」現象並不知情，且毫無戒備之意。筆者在元陽縣新街鎮一帶的田野調查中瞭解到，二十世紀九〇年代中期，曾有一位法國學者到元陽縣以

學術研究為藉口搜集哈尼族傳統稻種，在不到一個月的時間裏便搜集到近百種稻種。由於哈尼人熱情好客、慷慨大方的性格使得外來人員輕而易舉地獲得了珍貴的哈尼族傳統稻種。儘管哈尼族十分重視優良稻種的選育和交換，但是他們從來不會把優良稻種看作私有之物，而是樂於同他人或其它社區共用。正是這種交換稻種的傳統，哈尼族才能夠培育出數百種適應不同氣候、土壤的優良稻種。

由於哈尼族對優良稻種所蘊含的遺傳資源的價值缺乏科學的認識，加之對「生物剽竊」現象毫不知情，使得哈尼族傳統稻種流失現象十分嚴重。「生物剽竊」現象從本質上講也是屬於一種偷盜行為，只是其形式較為隱蔽，而且是近些年隨著生物技術等高新技術的發展而產生的，因此，哈尼族對此十分陌生，並沒有「生物剽竊」的概念。如果哈尼族真正認識到傳統稻種是一種豐富的、有價值的遺傳資源，以及「生物剽竊」對自身利益的損害，依據哈尼族對待一般偷盜行為的懲罰態度，那麼其將嚴格對待「生物剽竊」現象，並且會制定嚴格的管理措施。這種自我保護的意識和機制對於抑制「生物剽竊」現象的猖獗將起到重要作用。[5]

綜上所述，哈尼族的習慣法和村規民約在哈尼族社區保護和可持續利用生物多樣性及相關傳統知識方面起到了關鍵性的作用，同時也面臨著社會經濟發展與文化變遷帶來的嚴峻挑戰。哈尼族習慣法和村規民約並非是一成不變的，而是隨著社會的發展而演進，以適應不同的社會環境，表明其具有自我調適的功能。哈尼族習慣法和村規民約為解決國際廣泛關注的生物資源及其相關傳統知識獲取與惠益分享難

---

5 楊京彪：《哈尼族傳統文化與管理方式對森林生物多樣性的影響與評價》（北京市：中央民族大學碩士學位論文，2010年），頁62。

題提供了一條潛在的途徑，即自身管理機制的確定與自我管理能力的提高。同時，哈尼族習慣法和村規民約與現行法律體系在形式、內容、效用等方面存在著極強的互補性。當前，在社會主義法制建設加速推進與重視文化多樣性保護的背景下，地方政府指導修訂完善哈尼族習慣法，表明哈尼族習慣法在地區管理和社會發展中發揮著重要作用。對哈尼族習慣法進行深入的研究，挖掘其精華，付諸實踐，對於完善我國的法制建設、促進哈尼族地區的經濟發展、新農村建設及其生物多樣性相關傳統知識的保護與可持續利用具有深遠的現實意義。

三　哈尼族人生禮儀中的生態文化

人以不同的身份、不同的角色進入社會，都是通過人生中的各種禮儀實現的。禮儀是一種社會角色的象徵，一種社會認同的標誌，也是一種預期的人生目標。在人生歷程中，每個人最重要的禮儀就是誕辰禮、婚禮和喪禮，俗稱人生三部曲。哈尼族的自然宇宙三層說，是形成順應自然人生觀的思想基礎，遵循春種、夏鋤、秋收、冬藏的梯田農耕程序是順應自然的具體表現。圍繞梯田農耕生產舉行的人生禮儀中，蘊含著豐富的生態文化內涵。

（一）生育與取名習俗中的生態文化

哈尼族的生育觀具有濃厚的宗教色彩，婦女懷孕被認為是天神所賜。因此，循規蹈距就是婦女應遵循的原則，否則天神會對她懲罰。哈尼族婦女懼怕生育雙胞臺、多指、缺嘴、禿耳等畸形嬰兒。舊時發生這樣的情況時，輕則不得不棄嬰，重則其家庭被有開除村寨的居住權的危險。因此，為了避免這樣的情況發生，哈尼族女子平時忌吃雙黃蛋、雙連果以及被野物吃過的野果，並隨時遵守婦人之道，在其妊

娠期間不能參加喪禮，還要舉行一些為孕婦祝福的招魂儀式，其目的就是讓嬰兒發育正常、健康生產。

哈尼族的一生是勞作的一生，艱辛的一生。由於生活艱苦，即使是懷孕期的婦女，除了過年節宰殺豬雞時有一點肉食營養補給外，平時以蔬菜蘸水下飯普遍的餐桌飲食，因此，婦女生吃大米，甚至吃一種具有鈣質的紅泥土來補充體內營養鈣質。舊時由於生產勞動的需要，哈尼族婦女座月子期短，有的只是十多天，但是用一種金針草熬藥液洗澡後對參加輕力勞動無防礙。產後的飲食也重要，產婦忌食酸、冷、腥味和香油煎炸的香脆食品以及牛、鴨、鵝、公雞肉和姜等，多以米飯、清燉母雞、瘦豬肉和蒸雞蛋為主食。如果產婦缺少乳汁，以生木瓜煮豬腳吃，可以增加產婦乳汁。

哈尼族的命名禮一般在產後的第三天或第五天，有的到第十三天才舉行。無論幾天後取名都要在家中置辦宴席，招待前來賀生的親朋好友。無論取什麼名，首先遵循的是父子連名或父女連名。父子連名是的哈尼族遵循血緣關係的一種社會生態制度，以頂真形式從祖先排列，二音節，以便記憶。如，相則（祖父）—則熱（父）—熱省（兒）—省沙（孫）……哈尼族男名一般取具有「發展」、「增添」、「富足」、「興旺」等含義音節，女名一般取具有「帶領」、「萌芽」、「俊俏」、「勤勞」等含義音節。

嬰兒的命名是哈尼族生育禮俗中的重要環節，其中一項就是模擬成人的勞動儀式。嬰兒若是男性，要請一個同宗家庭和睦、父母健在的健壯男童，提上一包糯米飯，扛起一把小鋤頭，穿著勞動舊衣，扮成大人去勞動的模樣。該男童在眾人的祝福聲中走出家門，嬰兒由母親或婆婆抱著尾隨其後，在自家的院子裏，大人用木棍在地上劃出一個小方塊表是「田」，男童在走進「田」塊中象徵性地挖地三鋤，表示男嬰長大以後勤勞勇敢，是梯田農耕能手。嬰兒若為女性，則由一

健康女孩，帶著一包糯米飯，穿上蓑衣，背著小背籮，手持一把小鐮刀或小砍刀，在屋外表演砍柴的動作，有的小女孩頭頂一個小撮箕，在院子的「田」裏捉魚，表示女嬰長大後勤腳快手，既能從事梯田勞動，又能勤儉持家。

哈尼族的命名習俗中具有生態文化內涵的是，如果孩子到了一兩歲還體弱多病，經常哭鬧，就要行搭橋取名和立碑取名的儀式，也稱請乾爹儀式。搭橋取名一般在村寨出入的道路小水溝邊舉行，選擇吉日，小孩的父親一大早從家裏提著一隻雞、鍋、碗來到道路水溝邊，用木頭或石板搭一小座橋，以便人們通過，同時將雞宰殺在此等候，這天早上在此通過的第一個人無論男女老少，不分民族邀其回家做客，並要給小孩取一個名。為了紀念，小孩的父親要在橋邊栽上一棵小樹或竹子，孩子長大後會不定期來此祭獻。在元陽縣新街鎮等地，孩子如果體弱多病，家長就在通往村寨的十字路口立一塊指路碑，並在其旁邊修建休息臺，同時栽上一棵常綠能結果速生喬木，以便人們休息乘涼。這兩種做法實質是積功德的意思。再有一種是「栽樹求子」，其做法是結婚多年不育的夫妻，在上山或下田的村寨路口修建休息臺，同時栽上一棵常綠能結果的速生喬木，如多依樹，象徵「生命樹」。由此而得子的子孫每年定期來此殺牲祭獻「生命樹」，並在其周邊補栽樹苗，最後發展成私有林。

哈尼族的「生命樹」

the Life Tree

哈尼族的「生命樹」在道路兩側發展成林

Life Trees Flourishing to Forest

（二）婚戀習俗中的生態文化

　　一夫一妻制是哈尼族基本婚姻制度，舊時也有一夫多妻，但主要是正妻不能生育的情況下才娶次妻。哈尼族的傳統婚姻有嚴格的通婚制：一是異族不婚；二是同宗同姓不婚；三是姑表兄妹不婚；四是姨表兄妹不婚。

　　哈尼族青年男女雖然社交自由，但嚴禁未婚生育，否則，輕則以傳統宗教儀式懲罰他們清洗寨子，重則將其驅除出村寨。情投意合的青年男女，便互贈定情物，將實情告訴父母，一定要履行求婚的禮儀。哈尼族聯姻中，注重屬相之間相生相剋的道理。他們認為，男女雙方的生日屬相牛和虎、龍和羊，狗和虎等不能相配。他們認為違反禁忌結合在一起，重則危及夫妻性命或者無後；輕則夫妻不和睦，兒女不雙全。

　　哈尼族新婚夫婦在婚禮期間不同房，他們認為婚禮期間男女雙方心理和生理都過於勞累過度，此時同房不利益生育。具有生態文化意義的是婚後第二天，要去男方家田地裏一起勞動，新娘象徵性地砍柴，到新郎家私有林中砍柴時，補栽水多瓜、喜樹、五眼果等速生喬木樹種，以便來日方便解決生活能源。

　　哈尼族的婚宴席中的主桌設在新郎或新娘家的堂屋內，這裏入席的都是新郎或新娘家輩份大的女性，男性不得入座。主宴席中有一碗尼鰍和魚混煮的主菜，尼鰍象徵陽性，魚象徵陰性，兩種動物混為一鍋，祝原新婚夫婦早生貴子，兒孫滿堂。

（三）喪葬習俗中的生態文化

　　喪禮是人生旅途的最後終結。哈尼族普遍存在「輕生重死」的觀念，平時活著時省吃儉用，不畏清貧，死時卻把喪禮辦得隆重些，並舉行一系列複雜而繁瑣的禮儀。

從古至今，哈尼族各支系中，形成多種喪葬方式。主要有火葬、土葬、水葬、樹葬等[6]。其中火葬和土葬，主要是成年死者的葬式。現今哈尼族盛行木棺土葬方式，但仍然有少量的其它喪葬方式。

火葬。這是古代哈尼族普遍實行的一種葬式。據清乾隆《開化府志・卷九》載：「窩泥喪無棺，弔者擊鑼鼓搖鈴，頭插雞尾跳舞，名曰洗鬼，忽飲忽泣三日，採松為架，焚而葬其骨。祭用牛羊，揮扇環歌，拊掌踏足，以鉦鼓蘆笙為樂。」清代中葉後逐步演變為土木棺葬。在當代生活中，火葬已不是主要的喪葬方式，但在某些特殊場合，許多支系仍在實行火葬。如哈尼族碧約人非常忌諱非正常死亡，如果是在野外冷死、餓死、摔死、被野獸咬死、被槍打死、被水溺死、被火燒死、弔死等，遇到這種情況，就採取火葬的方式。哈尼族卡多人也將未滿周歲死亡的人視為短命，用蔑笆裹屍焚燒。有的正常死亡的人，埋葬之後，村寨裏接連出現許多異常現象的時候，也要把屍體挖出來，重新進行火葬。有的人死亡的日子不好，認為不吉利的時候，也要把棺材從墳地中挖出來，擺在露天下半年甚至更長的時間，再把棺木打開，看屍體是否已腐爛，如不爛就要將屍體抬出來進行火葬。火葬方式由於不在入土和不使用棺木，具有保護土地和保護森林作用。

土葬。木棺土葬是當代哈尼族最普遍實行的葬式。哈尼族對死亡有一種特殊的表達方式，人死不說死了，而是說「回去了」。他們認為人生在土地上，死了，是要回歸土地的，如同回歸自然，靈魂將生活在「達沃」（即陰間）的地方。「達沃」就是在地下，實行土葬，墳墓就是進入「達沃」的通道。土葬方式蘊含有許多生態文化，認為墳址及周圍的地理環境，對死者後人的福祉有著直接的影響，因而，墳

---

6 《哈尼族文化大觀》（昆明市：雲南民族出版社，2002年），頁227-228。

的後山要有森林茂密的靠山，左右兩邊要有山脈水流環抱，才會人丁繁盛、六畜興旺；正面要開闊，後人才會前程似錦。墳墓的門向不能正對尖山、岔河、懸崖、村寨等，否則對家人不利，對其它村寨也不好。紅河流域的哈尼族土葬大多數要留墳堆，立石為碑，現代有些地方還有立碑刻字的習俗。

水葬。這一葬式，對成年死者是絕對不用的。有些地方偶而對夭亡的嬰兒使用這一種葬式。一般用草席包裹之後置於河中小瀑布下石洞中，外邊有流水相隔，目的在於使其與眾人永遠分開，讓河水將其沖到天涯海角，希望以後不再發生此類事情。

樹葬。這種葬式也只用於夭亡的嬰兒。一般用布、草席包裹之後，送到村寨外邊較遠的地方，找一棵大樹，把它掛在樹枝上。哈尼族認為，這種嬰兒的死亡，就如同樹上的嫩果，未成熟就掉落下來，應讓他像爛果子一樣臭在樹上。

在哈尼族的喪葬習俗中，具有典型生態文化意義的就是公共墓地，也叫墳山。墳山是選擇寨址的要素之一，在建寨之日起就要確定下來。因為墳山是祖先靈魂的棲息地，因此，哈尼族對它的選擇是非常慎重和講究的。筆者在西雙版納州猛海縣格朗和鄉作田野調查時發現，那裏的哈尼族對墳山的選擇有這樣幾個要素：一是要在寨子的西面或西北面。哈尼族認為，只有活人才有資格最早享受太陽光，而死人是沒有資格的，所以，這個墳山只能建在寨子的西部。二是要有森林。哈尼族認為，整天讓太陽光照射在墳墓上，是生者對死者一種不尊重的行為。所以，在選擇墳山時，除了注意好位置外，還要看看這座山上有無樹林，如果有松樹當然更好。在西雙版納的哈尼族阿卡人看來，松樹是一種聖潔、高雅的樹，在松樹腳下埋人，認為是生者對死者的尊敬。因此，即使墳山有其它樹木，也要人工栽培一些松樹，

如果是光山，或者山上石頭過多，不宜栽樹的話，既使位置適當，也不宜作墳山。三要注重村寨與墳山的距離。哈尼族認為，寨子與墳山間距離太遠，一方面，是對死者具有空間上的疏遠，缺乏起碼的懷念之情；另一方面，則不利於送葬。距離太近，也不好，就容易想起或看到墓地，寨子裏的人，特別是小孩會感到恐怖害怕。一般要相隔一〇〇〇至二〇〇〇米為宜，並有一條小箐溝相隔，這條小溝是活人與死人的分界河。送葬的隊伍，在埋好人回來途中，送葬回來的人務必在這條小溝河裏洗淨手腳，方可進寨回家。

哈尼族祖先崇拜的生態意義在於墳山的選擇與管理。墳山要有森林密佈，西雙版納等地的哈尼族阿卡人，平時忌諱到墳山，更不能到墳山砍伐和狩獵。哈尼族認為墳山上的動植物都是祖先神靈的化身，生活在陽間的人不能去干擾它們，否則得不到它們的保祐。紅河流域的哈尼族有不定期上墳的習慣，但在墳墓前不燒紙錢，更不生火，只是從家中煮好祭品後帶到墳前祭獻即可，因此，哈尼族的墳山從來不會有火災發生。總之，哈尼族平時很少進入墳山，懼怕不懷好意的鬼魂來作祟。由於沒有人為的干預，客觀上有效地保護了墳山森林的生物多樣性。

哈尼族按照三層宇宙觀，陰間是人間的翻版，人間有什麼，陰間就有什麼，因此，哈尼族送給死者鍋碗瓢盆及農具外，無論葬在墳山的公墓地或其它地方，離墳堆三四米遠的上方特意選一棵樹，作為死者的「神樹林」，樹腳立一塊石頭，每到上墳的日子，先在樹腳殺雞祭獻。如果埋葬在沒有樹木的地方，也要特意栽培一些樹木。

哈尼族的生死觀，也是一種生態平衡觀，他們認為世界萬物皆有生死，人死是符合孕育、生長到消亡的自然發展過程，因此，人死不可迴避，也不足為奇，但要舉行一定的宗教指路儀式才能到達祖先生

活的地方，最終回到人生的歸宿。哈尼族《喪葬的起源》[7]中反映了
這種生死觀：

　　　　遠古的時候，

　　　　哈尼族獵手臘檢臘若，

　　　　在上高山打獵時，

　　　　把猴子錯看成鹿子，

　　　　扳起弩機一箭射出去，

　　　　走近去一看才知是不該射的猴子大哥，

　　　　看著猴子像人樣，

　　　　不忍心丟在老林裏，

　　　　猴子臉上有七層皺皮，

　　　　想到了哈尼老人臉上的艱辛皺紋，

　　　　看見猴子手上的皺皮，

　　　　想起哈尼父母辛酸的一生。

　　　　哈尼三千三萬個先祖，

　　　　由於吃下天神煙沙永生不死的好藥，

　　　　給了大地上有了永生不死的人種。

　　　　哈尼不死的老人，

　　　　不吃不喝不動也活著，

　　　　天晴時要抬出去曬太陽，

　　　　天陰時又要背回家；

　　　　天熱了要扇風乘晾，

　　　　天冷了要烤火取暖，

7　西雙版納傣族自治州民族事務委員會編：《哈尼族古歌》（昆明市：雲南民族出版社，
　　1990年），頁420-424。

三萬三千個老人，

累彎了兒孫的腰，

把兒孫的手也抬痛了，

人堆像木柴堆一樣堆起來，

天晴也沒有人抬出去，

天陰也無人抬回來，

茅草穿破皮肉，

頭上生滿了青苔。

心疼死去的猴子，

可憐不死的老人，

打獵錯殺猴子抬回家來，

哈尼的獵人臘檢臘若，

葬埋猴子開創了人死的葬禮。

人老不死的古規，

不改也要得改了，

人死發喪的古禮，

沒有也得開創，

老人死了，

人們不要傷心難過；

老人死去了，

後代來傳承送葬的禮儀，

是不忘父母的養育之恩。

天上太陽也有死的一回，

太陽死時地上就黑起來，[8]

---

8 太陽黑：指日食。

月亮也給它死一回，

月亮死時地上也黑起來，[9]

人老了到死的時候，

就是天神收回人的壽命，

不讓他活在世上受苦，

從此世人有了壽期……

哈尼族墳山森林

Forest Where the Dead are Buried

哈尼族墳墓後山「神樹林」

the Holy Forest at the Back of the Graves

9　月亮黑：指月食。

哈尼族在墳山祭祖神

Sacrificing the Ancestor Spirits at the Graveyard

四　哈尼族節日慶典中的生態文化

哈尼族的節日既是自然有靈的各種祭祀節日，又是梯田農耕祭祀節日。節日活動的中心內容都以祈求大自然中各種神靈的施捨，以求得人、糧、畜的健康、增殖和發展為目的。突出了節日活動的主旨是尋求人與自然和諧相處，從而增添了節日慶典中的生態文化內涵。如典型的農耕祭祀節日「昂瑪突」、「康俄潑」、「莫昂納」、「等羅合」、「矻紥紥」等，這些節日都是在過了十月年後根據不同時令的農耕程序舉行，節日的活動以植物的祭禮為中心內容。因此，哈尼族的節日慶典中蘊合著深刻的生態文化內涵，是哈尼族制度生態文化的重要組成部分。

（一）十月年

哈尼族的歲首節日哈尼語稱其為「紥特特（zalteilteil）」、「嘎通通（galtaoltaol）」、「車臘合什紥（ceillahoqsiivqzaq）」、「嘎湯帕

（galtaolpal）」等，各地哈尼族對其稱謂有所不同，但按哈尼族的曆法，以農曆十月為歲首，故將漢語譯為「十月年」。紅河南岸的哈尼族一般在每年農曆十月第一輪屬龍日始，至屬猴日止，歷時五天。節日最大的特徵是家家戶戶均必須做湯圓、舂糯米粑粑。有條件的殺豬過年。有的從市場上購買節期所需的豬肉、雞、魚等。節期不從事任何生產，特別不許把山上的青枝綠葉帶回家中，也就是說，節期不許上山採集植物和狩獵，不許砍伐樹木。

　　綠春縣大興鎮一帶的哈尼族以農曆十月第一輪屬兔日為除夕日，當天上午各村寨打掃衛生，洗刷餐具。下午各家各戶舂糯米粑粑，以製成小圓餅的三塊粑粑供祭祖先之後，人們方可食用。當晚各戶舂好湯圓面。次日屬龍日為大年初一，聽見公雞叫頭遍，婦女們先到水井裏以竹筒背新水回家，並以新水烹製湯圓，男主人忙著殺一隻母雞，待雞肉煮熟，湯圓、雞肉各分盛二碗，放在供桌的左右兩端各一碗，意即左邊祭本家祖先，右邊祭外家祖先。祭畢，全家圍桌吃湯圓，以示新的一年全家和睦團圓。

　　當天便殺豬，有的地方全村殺一頭豬用於祭祖，即便各自家中殺豬，也要殺村寨共用的這頭肥豬。下午在家宴開始前，用飯、酒、茶、豬肉各二碗祭祖，然後又從其中各揀出一點，盛上半碗飯，泡上湯，拿到門外，倒於芭蕉葉上，打發不得上供桌的非正常死亡的亡靈。以祭祖的酒茶倒於灶邊，祭祖所用的肉按年齡大小順序家人分別吃一點，以示得到祖先的護祐。每一次祭祖，全家大小朝向供祖臺跪拜。

　　初二（屬蛇日）是已嫁姑娘回娘家拜年。她們背著用鮮芭蕉葉包好的糯米粑粑、酒、豬肉等禮品，分別贈送與娘家同宗的兄弟，每到一家在供桌前跪拜叩首。然後娘家請姑娘們吃飯，飯後有的當天回婆家，有的第二天才回去，並回贈禮品。

　　哈尼族認為，十月年是開「年門」的節日，人生的「年門」開

了，萬物蘇腥的「年門」開了，人氣、福氣的「年門」開了。因此，
過十月年期間，家家戶戶把一年來的收穫果實，做成各種美味的佳
餚，擺成街心宴席，其意義在於由於條件所限不可能請所有的寨人到
家裏過年而彌補的家宴形式，同時，也請生活在山裏的各種報春鳥類
等動物回來過年，分享人間的豐收果實。其實質是寨人互相祝福過年
外，也反應出人與自然和諧相處的一種願望。關於十月年的來歷有這
樣一個傳說，折射出深刻的倫理教育及生態文化內涵。

> 相傳在哈尼族的一個山寨裏，有一個寡婦領著一個兒子過日
> 子。母親把兒子視為掌上明珠，百般寵愛兒子，寧肯自己不吃
> 也不讓兒子挨餓一餐。
> 春花秋實，日子一天天過去了，孩子長成了小夥子。但不管栽
> 種還是收割，兒子上山勞動，母親除了做家務外，都要早一
> 頓，晚一頓為兒子爬山送飯。可兒子心腸不好，飯送去早了，
> 他張口大罵；送遲了，動手便打。一天早上，他犁完地坐下來
> 等飯吃，看見在不遠的草叢裏，一隻鳥飛來飛去，正在給剛出
> 蛋殼的小兒餵食。他看著那些小鳥全身光禿禿的，張著又大又
> 紅的嘴巴接食的情景，受到了深深的觸動。心想，母親不也是
> 這樣哺育我長大的嗎？他心裏有說不出的內疚，下決心痛改前
> 非，好好孝敬母親。這時，正好母親提著飯籃來到不遠的地方
> 了，他急忙站起身迎上前去。母親以為是送遲了飯，兒子又要
> 追過來動手，放下飯籃，轉身就跑。「媽媽，你不要跑，等一
> 等，我對你說。」母親聽見兒子的喊聲並沒有止步，她邊跑邊
> 想：自己二十來年守寡，養了這麼個黑心肝。現在上了年紀，
> 還挨打受罵，苦命啊。老人越傷心，跑得越快，不知不覺已經
> 跑到大河邊來了。前面沒有路，後面兒子馬上就要追上來了，

老人心一橫，縱身跳下河裏……

等兒子趕到河邊，母親早被大水沖走了。兒子連忙跳下河去，哭喊著拼命打撈、尋找，最後，只撈起了一筒木頭。他認定這就是母親的遺體，便扛回家來，在門前砌了個土臺，供在上面，天天哭訴奠祭。他的行為得到了全寨人的諒解，大家並把他母親死的那一天——農曆二月第一個屬牛日，定為祭母的日子，全寨子都來奠祭。慢慢地祭母活動在哀牢山區的卡多寨傳開了，不過各村寨是指定一棵樹作為母親的化身。

這個故事廣泛流傳在哀牢山的新平縣、墨江縣的哈尼族卡多人中。在不同的哈尼族居住地區，這個故事有不同的版本在流傳，但主題大同小異。在紅河縣、綠春縣、元江縣等地流傳的故事中說：當兒子下決心痛改前非的時候，母親又送飯來了，兒子見了忙迎上前。擔驚受怕的母親誤以為兒子又要藉口送遲飯來打她，調頭便跑。她見兒子在後面緊追不放，一氣之下，便一頭撞在路旁的一棵松樹上死了。兒子含淚安葬了母親。從此，沒有孝敬母親的兒子感到非常內疚，他把那棵母親撞過的松樹作為母親的化身，每當逢年過節，他就親自祭獻松樹，以表對母親的懺悔、懷念和孝敬。他的行為得到了全寨人的諒解，每到逢年過節，全寨都要去祭獻那棵松樹。後來，那棵松樹老死了，人們把山上的松枝拿回家來祭獻。隨後，這一習俗慢慢地在整個哀牢山區的哈尼族山寨傳開了。[10]

在哈尼族生活的地方，都流傳著這個令人動情的倫理道德故事。因為傳說蘊涵了深刻的教喻哲理，世代的哈尼族把這個故事作為教育

---

10 雲南省民間文學集成辦公室編：《哈尼族神話傳說集成》（北京市：中國民間文藝出版社，1990年），頁393-395。

後代的啟蒙「教科書」。在田間地腳，家庭寨頭，火塘邊上，都能聽到哈尼老人婉轉的講述。甚至在調節父母與子女之間的家庭糾紛時，調節者也要講述這個故事，藉此教育哈尼族年輕一代要尊老敬老。因此，祭祀祖先神靈是十月年活動的主要內容。

　　十月年祭祀活動以家庭為單位舉行，以祭祀祖先神靈為內容。一般由男性長者主持，有的地方也有女性長者主持。主要供品為豬肉、雞肉、糯米粑粑、湯圓、茶水、酒，任何一次擺放供品的順序是筷子、茶水、酒、肉類、飯或糯食。任何一種供品先由主持祭祀者象徵性地品嘗，然後家人逐一品嘗，其意義在於得到祖先神靈的護祐。有的地方，在大年初一以湯圓祭祖完畢後，在人們未食之前，取少許湯圓喂牛，對耕牛一年來與人同甘共苦的梯田農耕表示慰勞。從曆法意義講，十月年是歲首節日，也是冬季的標識。從活動內容看，是一個豐盛的慶典，因為活動時間正好是大地五穀已歸倉，所進行的祭祀內容映像出對大地的感恩，也正是哈尼族的人地思想。

製作糯米粑粑
Making Erquai

祭祖　Sacrificing Ancestors

（二）昂瑪突

昂瑪突（hhaqmatul）：也稱「普瑪突」、「昂瑪奧」、「昂瑪拖」，均為漢字音譯哈尼語。「昂瑪」是為了保護村寨的安寧而與妖魔鬥爭而犧牲的母親及其子兄弟倆。「突」為祭之意，故此節漢語譯為「祭寨神」，是哈尼族以村社為單位，以樹木象徵神靈的祭禮為中心內容的一年一度典型的生態文化節日。

節日的來歷有這樣的故事：傳說古代有個大妖魔，年年要求人間送兩名年輕的女子讓其吃掉，有一位母親為了不讓其女被妖魔吃掉，輪流到她家送女兒時便對她的兩個兒子說：你們倆男扮女裝去見妖魔，等它酒醉時趁其不備將它殺死，為民除害。後人為了紀念他們而定期殺牲祭獻英靈，他們捨己救人的獻身精神就成為村寨精神力量及生命之源，也是村寨五穀、六畜之源。另一故事又說，哈尼山寨有一位寡婦兒子阿奎整天遊手好閒，有一天上山練射箭，突然很遠的天邊飛來一隻老鷹，阿奎瞄準老鷹，隨著「嚓」的一聲，老鷹落地了，跑過去一看，老鷹還叼著一條小蛇，阿奎就把小蛇帶回家中餵養起來。一天小蛇突然說話了，原來阿奎救的是龍王之女，她邀請阿奎到龍宮，龍王賜給他一件能預測災難的寶物帶回人間。有一天，阿奎透過

寶物看見洪水災難來臨，動員寨人立刻逃難，但誰也不相信平時遊手好閒的阿奎，他只好把寶物拿出來給寨人看，人們從中看到了洪水災難的到來而及時逃命，從而救了寨人的生命，但是，由於阿奎透露了寶物的秘密卻變成了一塊石頭，鄉親們為了紀念救命恩人，在石頭旁種了樹，稱為神樹，並定期祭獻。

從田野調查的資料來看，此節活動的時間與建寨之日選定神林、神樹的日期有關，因此，各村寨舉行的日期各異，但一般是在農曆正月或二月。這裏以元陽縣小新街鄉者臺村哈尼族二〇〇三年三月六至十三日「昂瑪奧」和元陽縣新街鎮箐口村哈尼族二〇〇六年三月二至九日「昂瑪突」節活動作具體描述。

封鎖寨門：是者臺村哈尼族昂瑪奧節的前奏，目的是以防驅出的妖魔入寨。者臺村封寨門是三月六日，即農曆二月第一輪屬虎日，中午二時許，主持儀式的祭師及助手共四人抱著一隻紅公雞、一隻公鴨前往封寨門處，此處是進寨的東面。按傳統祭祀犧牲尚需要一隻狗，但由於狗的價格貴，為減輕村民的負擔，以一小叢狗毛代替。村民每戶出一男性成年人，每人順手攜帶一兩根乾柴前往，並幫助祭師整理雞和鴨，雞皮連頭腳剝下，連同特製的木刀、木錘、木槍經過莫批施巫術，以一條結實的稻草繩作「銅鏈」，將寨內的妖魔、邪氣驅出寨外後橫掛固定在路口兩端的樹干上，一頭掛雞皮，以示護寨金雞；草繩上弔著的木刀、木叉、木錘、狗腳爪，以示護寨兵器。村寨東、西、北三面都要掛「銅鏈」。

祭祀水井：哈尼族認為，人們飲用的清泉永不枯竭，是龍潭或泉眼中的螃蟹和石蚌起保護作用，視其為水神，於是祭之。三月九日是屬蛇日上午八時許，大小咪谷二人，另加二人助手帶著一隻公雞和一隻母雞到特定的水井邊宰殺烹製祭品，供品有三碗茶水、三碗酒、三碗雞內臟、一隻整體熟雞、一包染黃的糯米飯加一個染紅的熟雞蛋。

祭品擺放的順序是：首先倒茶，用茶壺在每一隻碗裏倒三小滴，除第三隻碗外，倒好前二隻碗後又在壺裏倒回三小滴；第二，以同樣的方式倒酒；第三，在整體雞的頭、腳、復部、尾各撕一點放進碗裏，每一隻碗裏放三次。這樣把供品擺好後第一輪祭拜開始：先三作揖，後三叩拜。第二、三輪以上述方式重放茶、酒、肉後，還是先三作揖，後三叩拜。最後在茶、酒、肉、糯飯、染紅的雞蛋剁開，茶、酒各倒三小滴，肉、飯、蛋各取三小點放在井邊的一片芭蕉葉上，以示祭祀完，參祭人就在井邊進餐。離開時以刺棵將井口封攔，以示俗人暫且不能飲用該井水，待咪谷以竹筒背水前往神林後方可撤刺。

祭祀神林：九日，即屬蛇日中午十二時許，祭師和助手趕著已準備好的一頭肥豬，背著大鐵鍋前往神林。村民每戶出席一男性成年人，祭祀期間女性嚴禁入林，男性也嚴禁穿鞋、穿紅、白衣褲入林。大家齊動手殺豬、分割豬肉煮熟，豬頭肉、豬肝、豬肚皮肉等切細盛入特定的土碗，用三碗茶水、三碗姜湯、三碗酒、三碗肉、一隻整體熟雞、一包染黃的糯米飯一起擺上篾桌，然後抬到神林樹腳分三次祭獻，每次祭獻先拜三次，後叩首三次。祭畢，祭師將供品分給參加祭祀活動的眾人食，以示在場的人受昂瑪神林護祐，然後所有參祭人在神林中共食祭祀犧牲烹製的肉食品，此食物不能帶回家中食用。

屬蛇日清早，各家各戶要祭祖。祭品是一碗茶水、一碗酒、一碗豬肉、一碗染黃的糯米飯。祭祖是家庭男性長者主持，祭畢，家庭成員朝向祖先神龕叩首三次後，大家可以食用染黃的糯米飯。

十日，即屬馬日，另殺一頭肥豬，以同樣的方式祭祀小神林中的昂瑪，參祭人也是就地共食祭品，不帶回家中。

十一日，即屬羊日，全體村民忌日，不事生產，不做針線活。青年男女可以上山玩耍。十二日，即屬猴日，在咪谷家院子裏舉行「之著著」，意為邀請村內的男性老人、歌手相聚設宴，席間歌手吟唱哈

尼族遷徙、安寨定居、節日來歷等內容。而年內出生男嬰兒的父母也準備一桌酒宴前來慶賀，讓村中長老來品嘗酒菜，連續三年，目的是男嬰兒在昂瑪神的庇護下平安長大。有的地方「之著著」是全寨性舉行，即每戶做一桌十個以上的菜譜，分作二組擺二天，如元陽哈播村等地。十三日起節日結束，村民可以到田裏勞作。

叫寨魂儀式是箐口村一年一度祭寨神活動的前奏。二〇〇六年三月二日（農曆二月初二屬虎日）舉行。犧牲是一頭中架豬、一頭小豬、公雞和母雞各一隻。中午一時四十分，一位莫批、六位大小咪谷、二位昂徒（咪谷助手）、四位老人、五位一般村民、二位八九歲的小姑娘，從大咪谷家中趕著犧牲、帶著炊具及祭品前往村西面的神林，到了神林每人採一小朵花戴在頭上。主要祭品四小碗煎雞蛋、四小碗糯米飯（各加一個熟雞蛋）、一大碗酸面、一大碗炒黃豆、一大碗炸糯米蝦片。莫批用上述祭品各取一小碗擺在篾桌上，另加一袋穀子、一袋米、一米土布、一隻銀鐲。叫魂隊伍最前的是一位小咪谷，其後是手持一枝臭油果枝葉的二位小姑娘，再就是敲鼓和敲鑔的小咪谷，莫批抬著篾桌在末尾，他們從神林直穿村寨來到寨腳面對梯田叫魂。他們面對田野共同喊三聲「哦—呵呵」後，莫批以「哈巴」吟唱的方式進行第一次叫魂，內容大體是：介紹吉日，為何要叫寨魂，您在哪裏都要回來……大約唱十分鐘就共同喊三聲「哦—呵呵」，共唱了四十多分鐘後，他們按來時的順序原路返回到神林裏，莫批邊走邊說「回來了，回來了」，此為第一次叫魂結束。供品一一更換後，叫魂隊伍又來到村西北面路口叫魂，隊伍穿過寨心時引來一群八九歲的男女小孩尾隨，到叫魂地點後每人拿一枝臭油果枝葉，共同喊三聲「哦—呵呵」，增強場面感染力。大約叫了三十分鐘又從原路返回到神林，此為第二次叫魂完。再更換供品後以同樣的方式來到村南面路口叫二十多分鐘，再回到神林，此為第三次叫魂完。寨魂叫回到神林

裏，煮熟祭祀犧牲，以一碗茶、一碗糯米飯加一個熟雞蛋、四碗酒、四碗肉、四碗飯、四雙筷擺在篾桌上祭寨魂，莫批、咪谷及其它參祭人面對供桌三作揖、三叩拜連續三次後算作祭祀完畢。

二〇〇六年三月六日（農曆二月初七屬馬日）下午箐口村舉行封寨門儀式。

下午五時許大咪谷和五人小咪谷從大咪谷家中帶著犧牲出發，前往西北面和東面的進村路口。村寨西北面進村路口為主要「寨門」，封寨門儀式由大咪谷和一位小咪谷主持，主要犧牲是一隻紅公雞。村寨東面路口為前往田間的主要進出口的「寨門」，由四位小咪谷主持儀式，主要犧牲是一隻白公雞。與此同時還要進行祭地神儀式，犧牲是一隻公雞和一隻母雞。「寨門」以通道口兩側的二棵自然生長的樹木作門框，在其中一棵大樹腳臨時搭建一個祭臺（用樹枝葉搭建），作封寨門祭臺。在大樹邊一側設置上下兩臺的石板祭臺，作祭獻地神的祭臺。祭祀分二組同時進行，首先在不同的祭臺上各自擺一碗菜、一碗姜湯、一碗酒、一碗清水，將各自的祭祀犧牲宰殺，把雞血接進清水碗中。白公雞連頭帶腳把雞皮剎下，以三片胸肉、三片胃、三片肝，以胃、肝、肉各一片的先後順序為一組，共三組，用一條竹簽串在一起，插於雞嘴。三片肉象徵人丁、五穀、六畜。肉片自然腐爛，期間不減少為吉利。連頭帶腳雞皮以篾條固定門框側面的一棵大樹上，同時，把懸掛有木錘、木刀、木槍用稻草繩橫拉固定在兩棵大樹上作「門楣」。「寨門」安裝好後，祭祀犧牲雞肉已煮熟，用剩下的雞胃、肝、胸肉和雞腿作供品。封寨門祭臺上擺放的供品是：一碗糯米飯加一個熟雞蛋、一碗茶、一碗姜湯、三碗酒、四碗飯、四雙筷。在祭獻地神上祭臺上供品是：一碗姜湯、一碗糯米飯加一個熟雞蛋、四碗酒、四碗肉、四碗飯、四雙筷；下祭臺供品是：一碗姜湯、一碗酒、二碗肉、二碗飯。上述肉碗中均放少許切碎的蒜苗或蒜泥。

擺好供品，主持人以一字排，先雙手合為捧水狀上下擺動作揖三次，再下跪嗑三次頭，然後把祭臺上的所有供品碗中少取三小點置於祭臺一角，把祭碗收拾好，以示祭祀完畢，主持祭祀的人就地膳用供品犧牲。上述熟雞蛋剁開蛋殼看卦，若蛋兩端沒有明顯的凹陷，預示著來年梯田穀子會豐收，反之，穀子會秕殼。

在東北面道路口封寨門儀式與上述相同，屆時仍然將紅公雞連頭帶腳剝下雞片固定在「門框」一側的大樹上，同時也橫拉有懸掛木刀、木錘的稻草編辮繩為「銅鏈」。

三月七日（農曆二月初八，屬羊日）箐口村舉行祭祀寨神林活動。

祭水井儀式：箐口村有八口日常飲用水井，祭每口水井各需犧牲一隻公雞和一隻母雞。大水井，即建寨時確定祭寨神用的那一口井，位於寨子腳，由大咪谷和一位小咪谷（副）主持。在祭獻磨秋場旁邊祭石虎的祭祀組為三人，犧牲是一隻紅公雞，其它水井二人一組，可由其它小咪谷和村中老人邀約主持。

早上八時許，祭祀組各就各位，他們來到水井旁邊把周邊雜草處理乾淨，在井旁大樹腳的石板祭臺掃乾淨。第一次擺放的供品是：三碗茶水、一碗糯米飯加一個熟雞蛋、一碗清水，把一公一母的雞按先公後母的順序宰殺，雞血接進清水碗中。摘下九根雞翅毛，以三根為一組插於祭臺上，然後在一旁生火燒水處理雞毛和內臟，並把整體雞煮熟。待雞肉煮熟，把雞內臟、胸肉切細，雞頭、雞腳、雞腿砍下，與蒜泥攪拌好分裝進四隻碗中。然後擺放第二次供品，從裏到外分別是：一碗茶水、一碗糯米飯加一個熟雞蛋、四碗飯、四碗雞肉、四碗酒，在碗上擺放四雙筷。供品均由大咪谷擺放，擺好後大小咪谷二人面朝祭臺，先把雙手合為捧水狀上下作揖擺動三次，再下跪嗑頭三次後，在每一碗供品中各取三小點放在祭臺一角的葉子上，其順序是：一、拿起姜湯碗倒出三小滴；二、把熟雞蛋剁開掐三小點放於葉子

上，再掐三小點糯米飯；三、把四碗酒分別各倒出三小滴；四、把四碗肉分別用筷夾出三小塊；五、把四碗飯分別以筷撥出三小點。最後主持祭祀人就地享用供品。

祭石虎：箐口村守護村寨的石虎置於寨腳的磨秋場旁，虎頭面朝梯田。主持祭祀的三人處理石虎旁邊的雜草，把祭臺掃乾淨，在旁邊生火宰殺犧牲，把處理好內臟的雞整體煮熟，內臟切碎，其擺放的供品：一碗清水、一碗姜湯、一碗酒、四碗肉另外一碗整熟雞、四碗飯、四雙筷。擺好供品後，主持祭祀者三人一字排面朝祭臺，先將雙手合為捧水狀上下作揖擺動三次，再下跪嗑頭三次，然後按上述取祭水井供品方式各取三點於祭臺一角的葉子上，以示祭祀畢。主持者就地享用供品。

祭村社神樹林：十二日中午十一時左右，每戶陸續送二塊糯米粑粑，由主持祭祀的咪谷背到神林中，一塊祭神樹，另一塊又由咪谷們背回來後拿回自己家中祭祖，並與神林中宰殺後戶均分配的豬肉一起煮成稀飯家中成員共食，以示得到寨神的護祐。

十二時咪谷祭祀組從大咪谷家出發，出發前在大咪谷家院子裏，由大咪谷妻子以篾桌抬一碗酒給六位大小咪谷象徵性地喝一口酒，然後由大咪谷帶隊前往神林走去。出發時，大咪谷右手抱著一隻大紅公雞（神的象徵），左手抱著一床草席，打黑布包頭，穿長袍，面容嚴肅，走在第二位的是大咪谷的主要助手小咪谷李富生，他主要背著在家準備好的祭品和祭祀炊用具的鍋碗之類；走在第三位的是小咪谷李正亮，他背著六個藤篾凳；走在第四位的是小咪谷李克卜背糯粑；走在第五位的是小咪谷李擁薩身背糯米粑，胸前掛一面鼓，沿途要敲擊；走在第六位的小咪谷張春卜以竹筒身背二筒清水，手提一扇鋩鑼，沿途邊走邊敲擊。他們一行六人從大咪谷家直穿村寨中心道路往西面的神林走去。沿途敲擊鑼鼓，一是向寨人告示咪谷組織到神林中

祭祀；二是沿途不吉利的東西必須避開。咪谷組二位助手趕一頭肥豬尾隨其後。

神林中的祭祀地點是在一棵野橙梨樹腳，安置石板祭臺，分上下兩臺。到了目的地，他們把各自攜帶的東西放下，各負其責。由於到了神林的圍欄後，除了他們六人外，任何人不准入內，筆者只好在圍欄外十米遠的地方觀察他們的活動。紅公雞以一條三米長的棕繩係腳，繩的另一頭係在神樹腳。大咪谷打掃祭臺，並將雜草清除，把他帶來的草席也鋪在神樹腳。祭臺上方擺放三個藤篾空位凳，表示神位。

犧牲除了一頭肥豬外，另外還有一公一母的二隻雞。據介紹，祭祀犧牲肥豬的價格為八五三元，費用戶均分擔。除了大咪谷和主要助手小咪谷清理擺放供品外，其餘人在旁邊生火準備宰豬、宰雞，烹煮供品。

第一次擺放的供品是：上臺有四碗茶水、一碗清水；下臺有二碗茶水。雞宰殺時將雞血接進清水碗中。而豬血要一個大盆盛接，豬殺死後潑水在其身上，再以稻草燒，然後再把毛刮乾淨。

下午三點鐘，犧牲祭品已煮熟，開始第二次祭獻，上臺供品有四碗茶水、四碗酒、四碗肉（雞肉、肝臟和豬肝切碎與蒜泥攪拌）、四碗飯、四雙筷；下臺供品有：二碗茶、二碗酒、二碗肉、二碗飯、二雙筷。擺放好供品，大咪谷在左，他的右邊是五位小咪谷排成一字形面朝祭臺，先將雙手合攏作揖上下擺到三次，再下跪嗑三次頭，這樣要連續三輪後，大咪谷在祭臺上的供品中各取三小點置於祭一角的葉子上以示祭祀畢。

三點三十分，咪谷們祭祀完後就地享用供品。但是，大咪谷不能食用豬、雞等見血的營養品（可以吃蛋），一直忌諱到下一輪的屬雞日完。此時拴在樹腳的大公雞第一遍啼鳴了六聲。四點十五分，咪谷們用餐完畢，開始收拾他們的炊具和祭祀用具，紅公雞又第二遍啼

鳴，每隔三分鐘左右鳴一次。約四時二十二分，他們將東西收拾好，示意早已等候在神林圍欄外的二位「昂徒」把豬肉背到大咪谷家院子裏戶均分配。此時專門負責敲擊鎈鑼的張春卜敲響了三下鎈聲，以示咪谷祭祀組要離開神林。

咪谷組離開時，從神林中的祭祀地點到走出神林圍欄時，背肉的二位昂徒走在前，大咪谷走在最後，手拿一枝樹葉，邊走邊說「回去了」，「回去了」，表示祭祀者的靈魂不能留在神林裏。所有的人跨出神林圍欄後，大咪谷仍然走在前面，沿途邊走邊敲擊鑼鼓，大家時不時齊聲叫出「嗦、嗦、嗦」的聲音，意為吉利了，表示向寨人宣告祭祀完，可以到大咪谷家來分肉和領取自家送去的糯米粑粑。他們走了十五分鐘後約四時三十六分到大咪谷家中。

分配豬肉：留給大咪谷是右前腿、八條排骨，而脖子、豬頭、肺，八日拿到小神林裏煮熟祭獻後戶均分配到農戶餐桌上。二位「昂徒」每人給一公斤肉作他們的跑腿費。兩隻豬後腿留給年內生兒子的人家，生姑娘的給一塊約二兩肉。其餘剩下的豬肉砍下後戶均分配，拿回家中祭祖，分到各戶的這點豬肉，無論多少都不能吃完，留一點掛在火塘上方，到來年有新的祭祀豬肉接替。

晚飯前各家各戶以分回的豬肉祭祖。該村張氏祭祖的供品是：一碗薑湯、一碗酒、四碗從神林中帶回來的粑粑和分回來的豬肉煮成的稀飯。

晚八時許，自去年「昂瑪突」之後至今年「昂瑪突」前出生的嬰兒父母準備一桌菜拿到大咪谷家向大咪谷祭獻，稱「之桌桌」，菜譜中必有煎雞蛋、炒黃豆、豆芽、酸菜，敬獻給咪谷們主要是煙、酒、糖果。

祭小神林儀式：三月八日，農曆二月初九，屬猴日，箐口村舉行祭小神林儀式。

　　小神林的祭祀活動與大神林不同的是除了婦女外，男子們可參加祭祀活動。並且每戶要準備一桌菜拿到神林中吃，以示與神共餐。

　　中午一時三十分，小咪谷張春卜到寨心通道邊走邊敲鎩鑼，向寨人表示各戶準備好菜譜。二時三十分咪谷們以前一天出發的順序來到小神林，大咪谷少拿了一架弓，尾隨他們的是每戶村民抬著一桌菜。除了不再背糯米粑之外，其它道具與前一天相同。但今天不再殺生，以前一天留下的雞肉、豬肉作供品。

　　石板祭臺安置在一棵大五眼果樹腳。到祭祀地點，大咪谷仍然清理石板祭臺，把雜草和枯葉清掃乾淨，在上臺祭臺前鋪開草席，席子上再放四個藤篾凳。第一次擺放的供品，上臺有一碗糯米飯加一個熟雞蛋、四碗茶；下臺放二碗茶。上下臺每只碗底墊有哈尼語叫「byuqyuq」的三片葉子。他們在一旁生火烹煮祭品，祭神的肉主要以豬心、肝、肚皮肉、頭肉。第二次擺放的供品，上臺有一碗茶、一碗姜湯、四碗酒、四碗肉、四碗飯、四雙筷、一碗糯米飯加一個熟雞蛋；下臺有二碗茶、二碗姜湯、二碗酒、二碗肉、二碗飯、二雙筷。約三時四十分供品一一擺好後，大咪谷在左，一行六人一字排，面朝祭臺先將雙手合攏上下擺動三次，再下跪嗑三個頭，連續三輪後，大咪谷在供品碗中各取三小點置於祭臺旁的葉子上以示祭祀畢。鳴鞭炮後可就地食供品。與此同時，各戶抬來的菜也就地食用。大家吃了三十分鐘後，戶均分配已煮熟切片的豬脖子肉和豬肺拿回家中都要給家人品嘗，以示受寨神的保護。小女孩以特製的小篾籠放入三個染成紅、藍、紫色的雞蛋，懸掛胸前參加。

　　哈尼族一年一度的昂瑪突節活動，從其曆法意義在於春季開始，冬季徹底過去。從梯田農耕方面意味著春播、春耕季節的開始。因此，者臺村民屬蛇日早飯後，必須到秧田裏撒谷芽秧苗，並用染黃的糯米和染紅的雞蛋祭獻秧田。玉米、黃豆等也必須在節日前後春播完。

攔邪門　Gate Blocking off the Evils

守護寨門的「神雞」

Holy Rooster for Village Gate Guard

招寨魂求安

Summoning Village Spirits for Peace

「咪谷」擺放供品

Migu Arranging and Placing Offerings

「咪谷」主持祭寨神

Migu Hosting Rite to Sacrifice Village Gods

村民紛紛爭食祭品：以示神賜福

Villagers Eating Offerings to Pray Blessing

村民們在神林中與神共餐

Sharing Offerings with the Holy Spirits

（三）莫昂納

莫昂納（miaoqhhaqnaq）：也稱「仰昂納」，均為漢字音譯哈尼語，「莫」是活計之意，「昂」是力量、力氣之意，「納」是停、息之意，故此節意為息活計。過了這個節，這一年就不再播種了，故得名。一般在農曆四月舉行，具體日期與栽插結束的早晚有關，故各地

選擇的日期也不一樣。這裏以綠春縣大興鎮阿落坡頭村舉行的莫昂納為例。阿落坡頭村是以該村咪谷家開秧門後，以十二屬相計日滿二輪，即二十五天之後作為舉行莫昂納的吉日。易言之，咪谷家在農曆三月第一輪屬馬日舉行開秧門的話，農曆四月第一輪屬馬日即為舉行莫昂納的日期，期間剛好有二輪二十五天。

一九九七年五月十六日（農曆四月第一輪屬馬日）該村舉行莫昂納。全村殺一頭肥豬戶均分配作主要祭品，上午首先在咪谷家祭獻，供品有三碗茶水、三碗酒、三碗米飯、三碗糯粑粑團、三碗熟豬肉（瘦肉、肝、粉腸）、一碗鹽碟供在神龕上祭祖。祭祖畢，又將供品搬至畜廄門口對牛進行感恩祭獻，並各取少量供品喂牛。最後在屋外懸掛犁、耙的地方對其祭獻。對這些與梯田農耕密切關係的牲畜和農具，一年來與人同甘共苦以表示慰勞，意為此日起它們都休息半年。最後以鳴響編爆竹向寨人宣告咪谷家的祭祀完畢，各家各戶也依照咪谷家的祭祀方式進行家庭祭祀。

下午，進行祭水源儀式。是各自家庭進行，地點在自家承包的責任田入水口處。主要犧牲是公雞和母雞各一隻。在田邊地角起火、支起鍋灶，把雞宰殺處理乾淨。以樹枝葉在水源入口處搭一祭臺。第一次祭獻的供品有一碗茶水、一碗酒、一碗米並其上置一個雞蛋、一碗鹽、九顆小白石子。石子象徵來年的穀粒像石子一樣飽滿實心。第二次祭獻的供品有一碗茶水、一碗酒、一碗食鹽、一碗熟雞肉及內臟、一個熟雞蛋，各取少許祭品置於葉子上，以示祭祀完畢。

元陽縣箐口村等哈尼族的莫昂納節就是農曆五月初五的端午節，節日前他們從山上採回二種植物：一是生長於下半山箐溝邊的禾本科「粽子葉」；二是栽培在村邊園子裏專染糯米飯用的「合尼合納」植物，其葉子煮出來的紫色液汁將白色糯米染成紫色後以粽子葉包紮煮熟即可食。到了五月初五節日的早上，家家戶戶以三碗茶、三碗酒、

三碗雞肉、三碗紫糯飯祭祖，然後將供品抬到犁耙前祭獻，最後取少許供品去餵牛，表示對耕牛春播的慰勞。從此，人與牛可休耕一段時間。這一天一大早，人們扛著鋤頭忙碌起來，男女老少來到田邊地角、房前屋後的菜園子周邊、村邊私有林等地方栽下竹子、橙木、五眼果、芭蕉等速生樹種，成了哈尼族的植樹節。

　　哈尼族對此節的生態意義有兩方面的認識：一是哀牢山區雨季的開始；二是此節之後在梯田裏栽秧也不會飽滿了。事實上農曆四月末，來自南方海洋暖濕氣流的東南季風和西南季風來到了哀牢山區形成綿綿霧雨。因此，哈尼族這將一天作為植樹節，有「碓杵栽下去也能成活」諺語，說明了哈尼族對其生存環境的整體認識。莫昂納節日活動，其曆法意義方面標誌著季節由春季轉入夏季。梯田農耕程序則標誌著栽插季令的結束，開始進入夏季梯田的管理，諸如薅秧除草、管理田水等。

「莫昂納節」祭農耕工具

Sacrificing Farming Tools on Moangna Festival

供品喂耕牛

Offerings for Farming Cattle

（四）矻紮紮

矻紮紮（kuqzaqzaq）：又叫「耶庫紮」、「惹苦紮」，均為漢字音譯哈尼語，一般在農曆六月舉行，故漢語譯為「六月節」。此節的舉行一般與栽插結束的早晚有關，故各地哈尼族選擇的日期各異。這裏以元陽縣新街鎮箐口村哈尼族於二〇〇四年七月六至八日舉行的六月節作具體描述。

箐口村六月節是八月六日，即農曆五月第二輪屬狗日始，至農曆六月第一輪屬狗日早晨砍斷千秋繩、抬下磨秋宣告節日結束，歷時十三日。但節期的主要活動是三天，即七月六至八日。

七月六日（農曆五月十九，屬狗日）早上每戶割回三把用於翻新秋房用的山茅草，每把約五千克。

早上還要派人去砍磨秋梁，主要是一位木匠和兩位咪谷助手負責，村民協助。秋梁長約六米，黃心樹為好。

按傳統翻新秋房的柱子還要十棵樹，但為了不砍伐樹木，現在以永久的水泥柱替代。更新秋房時按村子的總戶數分成若干組輪換，每

一組負責翻蓋一年。木匠的職責是安裝磨秋，另外幾位助手更換秋韆柱，需要四棵龍竹，每一棵長二十餘米，不能把頭部砍去，否則天神不會下到人間。

更新好秋房後，下午六時許，由大小咪谷六人祭秋房，犧牲是一隻紅公雞和一隻黃母雞。祭好秋房後就地共食祭品。與此同時各家各戶殺一隻雞祭獻野外非正常死亡的亡靈，在門外燒煮並就地進食。

七月七日，即農曆五月二十屬豬日活動內容是：早上以一隻公雞和一隻母雞帶到自家責任田水源口宰殺，以雞血和幾根野毛祭獻田神和水神后帶回家中處理乾淨煮熟後再祭祖。

每家每戶一大早要採摘三小把鐵線草（每把九根嫩尖），穿插於曬臺與三層樓進出口門頭的屋簷下。隨接將一升穀子供在火塘上方懸掛的神龕上。嫩草和穀子均作天神的馬飼料，因為天神要下到人間過節。早上祭祖的供品是：大神龕上是一碗清水、一碗姜湯、一碗酒、四碗雞肉、四碗飯。在大神龕上祭好後拿到小神龕：一碗水、一碗酒、一碗姜湯、一碗雞內臟、一碗飯。

供上了馬飼料後要立及殺雞祭祖（實際上是祭天神）。中午十二時後，在秋場殺牛，牛肉戶均分配，不過秤，以特製篾籮盛裝牛肉後背回家中。

七月八日，即農曆五月二十一屬鼠日活動內容：早上各家各戶仍然要殺雞祭祖，但由於經濟條件有限，一般不再殺雞，以前一天留下的雞肉來祭，供品同上。中午一時許，敲擊二下鑼，表示各戶準備好的菜肴要抬到秋場祭獻磨秋。約下午二時多，第二次敲鑼時，咪谷即將出發來到秋場，各戶以蔑桌抬著菜肴尾隨。咪谷的供品是：一碗姜湯、一碗蒜湯、四碗酒、四碗牛肉、一碗煎雞蛋、四碗飯、一碗炒熟的黃豆，把供品擺在篾桌上抬到磨秋椿腳下；大咪谷扶著磨秋一端轉九圈，每轉三圈停下來，以蜂蜜花葉打擊三下秋梁，最後一次轉完又

打擊三下完後，咪谷們對著秋樁嗑三個頭。然後又去蕩秋韆，來回象徵性地蕩九次，每三回停下以蜂蜜花枝葉打擊秋韆腳踏板三下，以示祭秋完畢，各戶就地進餐，吃不完的菜要把篾桌翻過來抬回去。

咪谷扶著磨秋從順時針方向轉三圈，表示邀請天神威嘴、石匹來過年；咪谷坐在秋韆上面朝田野蕩三次，是祝願梯田的穀穗粒粒飽滿；咪谷坐在秋韆上面朝寨子蕩三次，是祝願寨中的子孫像林中的竹筍一樣密，六畜像石頭一樣多。咪谷祭秋畢，眾人紛紛來騎磨秋、蕩秋韆，一直延續到下一輪屬狗日咪谷抬下磨秋的那天早上最後一次殺雞祭祖算節日結束。

紅河縣樂育鄉壩美村哈尼族六月節活動與上述有所不同。現將二○○四年五月三至十一日壩美村舉行的六月節活動簡述如下：

五月四日，即農曆三月十六日，屬羊日，村民吃過午飯後，每戶家庭派出一名男性成人到距村寨四千米遠的森林中去砍磨秋梁。眾人中有一至二人木匠，秋梁的樹種是雲南松，其特點是筆直。他們來到森林中，憑直覺選擇二棵高大的松樹，其中的一棵腰直徑有三十五釐米，從樹腳砍倒後，從樹腳一端起開始測量秋梁大概的長度，木匠張開雙臂量了五庹（一庹約一點六米），砍去樹上端將秋梁拖到路邊削去樹皮，以梁腰為中心削成兩端大小一樣大，然後村民們以數人同時肩扛的形式運回到秋場。約下午四時多，當秋梁運到村口時各家各戶聽見運秋梁回來的吆喝聲就要宰殺一隻雞，將雞毛、內臟處理乾淨煮熟祭祖。實際上當秋梁運回村寨就意味著天神威嘴、石匹也迎進村寨家中過節，因此，各家各戶要殺雞祭獻天神。

村民把秋梁運回村寨之後，節日活動暫告一段落。五月五、六、七、八日沒有具體活動內容，村民做一些節期準備工作，諸如寨內打掃衛生、準備各類菜譜等。到了五月九日，即屬鼠日，節日的具體活動內容開始了。

第一，清洗水井，哈尼語稱「保合說」。主持祭祀的人稱「普師」（咪谷），共三人，其中有一人是莫批，其餘二人是助手，相當於咪谷。早上七時左右，普師帶著公雞和母雞各一隻來到特定的水井，這個水井在寨神林的旁邊。祭祀分二次進行，第一次是以活雞祭獻，在井旁以樹枝葉臨時搭建一個祭臺，臺邊立幾棵留有枝葉的竹子，臺上擺一碗麻椒水、一碗酒、三碗米、一碗鹽碟，然後把雞宰殺，盛接血的碗也擺上來，「普師」以水沖洗井口前的髒物。與此同時，在井邊生火，把雞毛、雞內臟處理乾淨以整體雞煮熟，處理雞胃時，內層不能撕破，否則認為梯田裏的稻秧會受蟲害。三碗米也就地煮熟後開始第二次祭獻：把祭臺上的三碗米變成二碗飯、雞血碗換成一碗整體雞，其它酒、麻椒水、鹽碟不變。主持祭祀的莫批及助手面朝井口的祭臺磕頭三次後以示祭祀畢。然後眾人就來紛紛取新水。按傳統清洗水井儀式，要在天尚未明之前完畢，故村民來取新水時都要點著火把照明，而且照明火把用的松明必須要九片，現在即便天亮了也要按規距每人點著火把來取水。祭祀犧牲主持者就地食完，不帶回家。

除上述儀式外，九日上午各家各戶都要在大門外宰殺一隻雞祭獻非正常死亡的人，以一碗麻椒水、一碗酒、一碗飯、一碗整體熟雞擺在篾桌上，主持者以一隻空碗各取少許供品潑在門外以示祭祀畢，家人就地圍桌共食犧牲。

第二，架磨秋、秋韆。九日下午二時以後進行。主要由二人木匠安裝，眾人幫忙。立磨秋椿往地上挖洞一米深，立椿儀式的犧牲是一隻母鴨，在洞底放鴨子腳爪、三顆小白石子，然後秋椿立起來穩固，秋椿高出地平面約二米，頂端與秋梁接合部稍細。秋梁腰粗，兩端稍小，約長九米。安裝磨秋的同時，每戶派出一名成人男子，在秋場上殺牛、戶均分割牛肉，骨頭、內臟、盛接的血也要平均分配，並以牛皮包大木鼓。壩美村六月節殺的牛是一條黃公牛。莫批在一旁生火，宰殺鴨子處理乾淨煮熟後，整體放進碗裏供在秋椿腳，另加一碗麻椒

水、一碗酒，主持者莫批磕頭後以示祭祀完畢，莫批和幾位老人就地食供品。祭祀完後大家可以隨意騎磨秋了。

五月九日下午各家各戶準備好三稞松樹尖、三稞荁菜、三稞烏山草、三稞黃豆苗一起裝進一隻竹筒裏作天神的馬料掛在門頭上。據傳六月節期間天神莫咪委派威嘴、石匹二神騎馬到人間過節，並且威嘴騎的是白馬、石匹騎的是花馬。

五月十日屬牛日早上，已出嫁的姑娘回娘家過節，她們帶著二小條牛肉、二塊糯米粑粑、一小杯酒祭祖，以示與娘家的血緣關係。早晚飯請親朋好友吃飯，酒足飯飽又到秋場上騎磨秋、蕩千秋。

五月十一日屬虎日，節日達到高潮。周圍村寨的人也可進村進行騎磨秋比賽。主要儀式有：一是早上在自家祭祖，主要供品是一碗麻椒水、三碗酒、三碗牛肉或雞肉、三碗飯、一碗鹽碟；二是下午三時前以早上同一樣的供品再次祭祖；三是下午三時以後，各家各戶送威嘴、石匹二神到田間守護莊稼。與此同時，村民男女老少相聚到磨秋場觀看騎磨秋，青年男女在一旁盡情地跳舞，在一旁觀看的中年男女也情不自禁地加入年輕人的行列，與他們比舞姿高低。晚飯後回娘家過節的姑娘都要各自回家，因此，下午四時後陸續吃晚飯，娘家一般送幾塊糯米粑粑作回禮。

關於「矻紮紮」節立磨秋、架千秋的來歷有多種說法，其中一種講，相傳遠古時候，哈尼人在開溝引水、燒山墾田時，得罪了生活在山上和地上的野物，它們到天神那裏告哈尼人，蚯蚓、螞蟻抗議說，山上開溝挖田的哈尼人，挖斷了它們的脖子；老熊、狐狸等野物們說哈尼人毀壞了它們的窩。神殿裏判事的是個聾子神官，見野物們短肢缺臂，不問青紅皂白，一是給哈尼人判了每年六月殺人頭來供祭野物的亡靈；二是允許野物們到田裏糟踏哈尼人的莊稼。於是，每年六月祭祀大奠時，哈尼人為了失去親人而痛哭。哭聲驚動了天神莫咪，他得知聾子神官的錯判給哈尼人民帶來災難，便由莫咪改了原判：告訴

野物們說，哈尼人殺了你們千萬個，你們一年只殺他們一個，不解你們的恨，每年六月我把哈尼男女老少弔在半空中，活活弔死，野物們高興而去。天神莫咪又專派威嘴和石匹到人間向哈尼人傳達天神的旨意，即每年六月時，高高地立起磨秋和架起秋韆來蕩，一面騎磨秋和蕩秋韆，一面大聲叫喊，叫得箐溝、老林裏的動物都能聽見，殺人頭供祭改殺牛頭供祭。九山的野物們來到哈尼村寨，看見哈尼的男女老少一個個弔到了半空中（蕩秋韆），一個個被栓在半空中的木頭上（騎磨秋），就認為哈尼人受到了天神的懲罰，人人喊出痛苦的聲音（騎磨秋時人們喊出的「哦呵呵」聲），野物們個個高興，千百個野物笑哈哈回到山上，從此不再來糟踏哈尼人莊稼，也不去天上告狀。因此，哈尼族每年六月選擇吉日殺牛祭秋的習俗沿襲至今。

　　六月節活動，從其曆法意義在於節日標誌著盛夏。此時，梯田裏的秧苗開始抽穗、揚花。其節日活動的目的，除沿襲古規外，就是預祝田野稻穀豐收。從農耕程序看則進入中耕和秋收前的準備階段，即上山砍谷般、砍田埂雜草、擴寬和平整田間小路，以便秋收運糧。

村民更新磨秋房
Renewing Moqiufang House

村民運送秋梁

Carrying Wood Beams

村民點著火把汲新水

Fetching Spring Water With Fire Lit

村民在秋場殺牛祭天神

Killing Cattle for Gods

祭磨秋

Sacrificing Moqiu

村民送天神去守護莊稼

Escorting Gods to Guard Crops

村民騎磨秋比賽

Moqiu Playing Game

（五）滅蟲節日

　　每年七月半後，哈尼梯田裏的稻穗彎腰開始轉黃，也是螞蚱（蝗蟲）等繁殖較多的時期。為了確保梯田豐收，哈尼族採取人工捕捉方式，驅除和避免蟲災。一般在六月節過後的第一個屬雞或屬猴日舉行捉螞蚱活動（哈尼族認為雞和猴都是昆蟲動物的天敵）。捕捉螞蚱的這一天，村寨裏的男女老少都到田裏捉螞蚱，以家庭為單位，分頭捕捉。捉得數只螞蚱後，將其撕成五份：頭做一堆、腿做一堆、身子做一堆、屁股做一堆、翅膀做一堆，將其依次以剖開的竹片夾起來插在田埂和田間排水溝旁，以此來恐嚇梯田裏的各種蟲害。人們離開田野時還要不停地大聲叫喊：「螞蚱三天內不捉你了，三個月內你不准去吃稻穗！」（三個月後梯田稻穗已成熟收割了）然後捕捉到的大量螞蚱帶回家中少量與糯米一起踩粑粑吃外，大部分炒香後當菜肴被人們吃掉了。這一農耕活久而久之就成了「捉螞蚱節」。收割前後哈尼族普遍喜歡到田間捉螞蚱當餐桌上的佳餚，除了自銷外，拿市場上還可賣好價錢，一千克螞蚱賣三十至四十元，並且目前市場供不應求。

　　西雙版納州猛海縣的哈尼族在農曆九月上旬屬龍和屬蛇日舉行滅莊稼害蟲節，哈尼語稱「攬板天阿培」（意為捉螞蚱）。節日的第一天早上，村民們不論男女帶著滅蝗蟲、綠螞蚱、土蠶、紅螞蟻、蚱蠅等害蟲的工具來到各自家中田地裏，並從地頭到地腳尋找其害蟲，在發現受災面積大的地方燒毀，用各種不同形式毀滅。到了下午回家時，把捉得的害蟲用葵花葉或芋頭葉包紮成數個，拴在蒿子杆上插在田地的四方。其中帶回一包夾在一棵小竹子上，插在寨門外，以告示天神保祐莊稼，並懲罰其害蟲。無論有無災情，每年都要進行這樣節日活動。通過這樣一個滅莊稼害蟲節以後，警示野外那些不懷好意的害蟲引起注意，人們會靠天神的力量把它們用燙水、火燎、棍打加咒罵滅於地邊地角。

雞是螞蚱等昆蟲的天敵

Chicken the Natual Enemy of the Insects

(六)慶豐節日

哈尼族的慶豐節日除了十月年外，主要有「車拾紮」(ceilsiivqzaq)。「車」意為稻穀，「拾」意為新，「紮」意為吃。故漢語譯為「嘗新穀」節。一般在農曆八月第一輪屬龍日舉行，節期為一天。屬龍日，哈尼語稱其為「勞腦」，意為增加的日子，因此，哈尼族舉行各種祭祀和節日將其作為吉利的日子是取哈尼語義，並非取漢語「龍」字語義。由於各地穀子成熟時間差異，因此，該節在各地選擇的日期也有所不同，但最早也只在農曆七月下旬，最遲不超過農曆八月十五日。在元陽縣東部嘎娘、上新城、小新街、逢春嶺、大坪五個鄉的哈尼族選擇的日期相對統一，即在農曆八月第一輪屬龍日。此時，梯田裏稻穀已是一片金黃，部分早谷已開始收割，但不過此節不能吃新米。節日活動的這一天，有的地方哈尼族女主人背起背簍，天還沒有亮就來到自家的田裏，選擇稻穗長勢良好的三株或五株，連根拔出來放入背簍中，然後用篾帽蓋好，小心翼翼地背回家中，稱其為背新穀娘回家。為了避免說出不吉利的話，往返途中無論遇到生人或熟人一律不打招呼。這些穀穗取少許做成米花後拌在米飯裏被人們品嘗「新米飯」外，留下一兩穗掛在祭祖的神龕下，年年如此，掛上新穀，舊谷

仍不取，意為新穀娘層出不窮。在這種年年用於祭祖穀穗的「新穀娘」，為科學研究提供了重要價值。[11]

節日的特徵就是家家戶戶以烹製新米飯為主食，配以豬肉、雞肉、酒、茶祭祖後，新米飯取少量先餵狗，爾後人們才可食用新米飯。

相傳遠古時候，洪水淹沒了人間，五穀莊稼全被洪水沖走完，待洪水退後，在天邊的一隻小鳥找到一穗稻穀，高興地啄著穀穗停息在一棵樹梢上，此時，被樹腳下的一隻狗發現，發出「汪、汪」幾聲，小鳥被驚嚇了一跳，慌亂中穀穗掉到地上，狗把穀穗叼回家中，人們又有了穀種。從此，哈尼人吃新米節先餵狗的習俗沿襲至今。

嘗新米節活動，其主要意義是慶祝豐收。其曆法意義方面標誌著季節由盛夏進入秋季，其農耕程序就是秋收大忙的開始，其實質是秋收的序曲。

哈尼族以新穀穗祭神，舊穀穗仍留下
Sacrificing Gods with Newly-harvested Grain

---

11 雲南農業大學朱有勇教授主持了國家重大基礎研究項目（973項目）「農業生物多樣性控制病蟲害和保護種質資源的原理方法」，課題組開展的實物調查工作中發現，在哈尼族農戶家中祭祖留下的稻穗中找到了一○○多年的用於祭祀的水稻穀穗，取其基因研究證實了元陽梯田長期大面積種植同一個水稻品種至少已有一○○年的歷史。「這一情況在世界上同類梯田中實屬罕見。也是元陽梯田紅米品種成為研究農業作物品種可持續利用最為寶貴的材料。」

第七章
哈尼族自然宗教觀與生物多樣性

　　哈尼族對宇宙天體的認識較為人格化，對於茫茫宇宙天體的構成和運行規律，帶有許多神秘色彩的神話傳說和宗教解釋，認為宇宙天地之間有三層，每一層都有不同的神靈主宰著；地上有多少人，天上就有多少顆星星，地上的人死去一個，天上的星星就要隕落一顆等等。因此，晴朗的夜晚，人們看見天邊的流星劃破夜空下落時，吐一口唾液表示忌諱。

　　哈尼族自然宗教信仰的思想基礎是建立在世界三層論的自然宇宙觀，萬物有靈是自然崇拜的依據，自然神靈保祐和靈魂不滅是自然崇拜的核心，自然崇拜的目的是人、糧、畜的健康、增殖和發展，其信仰活動的基本內容是祈求自然神靈保祐、招魂求安、驅鬼除邪。自然神靈的化身多以自然山川、河流和動植物為主。因此，哈尼族自然宗教觀既體現人與神靈相處的關係，又體現人與自然相處的關係，成為人與自然之間相處的媒介，這正是哈尼族宗教生態文化的中心思想。

一　哈尼族自然宇宙觀

　　對於宇宙結構，哈尼族只知道「奧」（aoq：天）、「諾瑪」（naolma：太陽）、「巴臘」（ba′la：月亮）、「阿溝習」（aqgeelsiq：星星）、「抽果」（ceqgov ：銀河係）等名稱，並給少數幾顆星星取了哈尼語名稱。他們把啟明星叫「索某」（saoqmeel）、七姐妹星叫「哈瑪然社」（haqmassaqseq）等。

哈尼族對自然宇宙觀形成的思想認識表現在水族動物創世和神靈創世的神話傳說中。

（一）水族動物創世

哈尼族神話《神的古今‧神的誕生》講：遠古的時候，世上只有無邊無際靜止不動的霧團，在霧中生出大海，大海中又生出一條巨大的金魚。金魚的左右鰭分別扇出了藍天和大地；金魚從脖頸的魚鱗中抖出太陽神約羅和月亮神約白，從脊背上抖出了天神俄瑪和地神密瑪，從腰部中抖出一男一女兩個人神。由此，宇宙萬物萌芽誕生了。[1]

哈尼族神話《青蛙造天地》說：遠古時代，宇宙沒有天地人煙，只有漫無邊際的海水，水中有千萬種動植物。隨著歲月的推移，水中的植物被動物吃光。為了防止水中生物互相蠶食殆盡，大海龍王命令青蛙到水域之外造天地。青蛙經過千辛萬苦，造就了天地日月和世間萬物。[2]

哈尼族神話《天、地的來源》載：遠古時候，天下只有一個大水塘。氣候越來越熱，水塘裏的水受熱後化為蒸氣上陞為天；水幹後，水塘裏的泥土就成為地。天地又生出了日月和萬物。[3]

哈尼族神話《天、地、人和萬物的起源》則說：遠古的時候，世界是黑咕隆咚的一團混沌，沒有高低左右和東西南北之分。不知在何時，隨著一聲巨響，刮起陣陣狂風，刮出了天和地，繼而又刮出日

---

1 雲南省民間文學集成辦公室編：《哈尼族神話傳說集成》（北京市：中國民間文藝出版社，1990年），頁1-2。

2 雲南省民間文學集成辦公室編：《哈尼族神話傳說集成》（北京市：中國民間文藝出版社，1990年），頁25-29。

3 雲南省民間文學集成辦公室編：《哈尼族神話傳說集成》（北京市：中國民間文藝出版社，1990年），頁32-33。

月、星辰、山河等萬物。[4]類似的神話不勝枚舉。從生態史的角度看，這類神話的共同主題就是水族動物創世。也是哈尼族自然宇宙觀的典型案例。

（二）神靈創世

隨著哈尼族抽象思維能力的提高，單一的神話逐漸發展成為體系龐大的神話創世。在自然哲學領域，哈尼族已不再滿足於將具體的感性材料作為萬物的本源，反映出物質始基多元論的局限性。所以，力圖在更高的層次上對宇宙本體作出新的概括，超越具體的感性材料，抽象出具有一般意義的本體。於是，神代替具體物質，被哈尼人看做是世界萬物的始基，神創世界說代替了物質始基多元論。這種新興的自然觀可稱為目的論自然觀。[5]

創世史詩《木地米地》講：很古的時候，沒有天沒有地，天神和龍王沒有居所，天神要造天和地。天神通過找天基地基、抬天被地被和抱天蛋地蛋等一系列的努力，終於造就了天地，進而造就了日月與萬物。

創世史詩《十二奴局》說：遠古的時候，天地混沌不分，沒有藍天也沒有大地，天神和地神無處棲身。天神朱比阿朗和地神朱比拉沙造就了藍天和大地，造就了太陽、月亮和星星，天神莫米又把日月光線梳下來，普照萬物。

創世史詩《阿波仰者》載：很古的時候，天是個爛天，地是個破地，沒有日月星辰也沒有風雨霧雪。天神打碎原有的爛天，重造藍

4　雲南省民間文學集成辦公室編：《哈尼族神話傳說集成》（北京市：中國民間文藝出版社，1990年），頁34-36。

5　白克仰主編：《紅河哈尼族文化史》（昆明市：雲南人民出版社，2006年），頁496-497。

天，並造出日月；地神廢棄原有的破地，重造大地。天神又使大地萬木生長、禽畜歡騰、人丁繁衍。

在哈尼族早期神話中，神是被視為派生之物，神是從水、氣、霧等具體的物質實體中生化出來的。但是，在創世史詩中，神已經上陞為萬能的主宰，神的意志成了宇宙萬物衍生和存在的根據，也是神創世的思想基礎。

（三）三層結構的宇宙觀

哈尼族認為，整個宇宙是由三個部分組合而成的。第一部分為上層，即「天」，為神的世界；第二部分為中層，即天地之間的「世上」，為人間世界；第三部分為下層，即「地下」，為靈魂陰間世界。這三個世界是相互聯結，親密無間的，特別上層的「天」，下層的「地」都是為中層的「人世」服務的。上層神的世界居住著諸神，有最大的神司管著。神主宰著人間，人間的一切都有相應的神管理，如寨子有寨神，水有水神，林有林神，田有田神。神和人的關係有如父兄，隨時關照人們，幫助人們消災避難，戰勝邪惡。而下層鬼魂世界居住著所有人間死去的人們，他們是活著的人們的先輩，是祖先，因而他們也在隨時隨地保祐和幫助人們安居樂業，幸福地生活。[6]

在哈尼族看來，人間的現實生活中，人類的來源與萬物的來源是一樣的。換言之，萬物的產生和人的產生一樣，都有一個孕育、生長、死亡的過程。哈尼族的祖先與後輩的關係是以血緣為主線，這種聯繫是通過連名譜系制來體現。哈尼族的每個家庭都有完整無缺的家譜，雖然這種家譜系統沒有文字來記錄的文本，但它是不會消失的。

6　王清華：《梯田文化論──哈尼族生態農業》（昆明市：雲南大學出版社，1999年），頁125。

因為哈尼族的每一代人都要把家譜牢記在心中，並以之作為聯接哈尼族血親關係中每一個人的「史記」。哈尼族的個體家庭成員以家譜形式往上能聯接到每一家族成員，甚至聯接到整個民族的一個共同祖先。正是這種亙古不變的父子連名譜系將整個人世間的哈尼人聯接起來，成為哈尼族社會生態文化系統的「活化石」。

在哈尼族自然宇宙觀的三個世界中，不僅有人的血緣譜繫聯接而形成人的生態系統，也有上層神的譜系和下層鬼的譜系，甚至，動植物也有自己的譜系，而且將三層世界的譜系彼此聯接為一個整體世界。換言之，哈尼族自然宇宙觀的三層世界中既有各自的血緣譜系，又有一神—動植—人物聯接而形成龐大譜系的社會生態文化系統。[7]如，上層神的世界系統中，最大的神是天神俄瑪，所有的神都是她派生出來的，可以說，她是諸神之始，諸神之祖。哈尼族史詩《窩果策尼果》第一章這樣唱道：

> 最大最高的天神俄瑪，
> 生下一位最高能的姑娘，
> 這就是天神梅煙。
> 梅煙是萬能的女神，
> 梅煙是眾神的尊王，
> 從此大神們傳下了家譜，
> 一代一代不會中斷，
> 梅煙生出大神煙沙，
> 這是一個萬能的男神，
> 煙沙又生下大神沙拉，

7　哈尼族譜系中不僅僅是父子連名，而是將神、動植物與人連在一起。

沙拉和煙沙本事一樣高強。[8]

在這裏我們看到了天上世界神的繁衍，從梅煙開始，名字就嚴格按梅煙——煙沙——沙拉這樣的連名譜系格式排列。緊接著史詩又唱道：

煙沙又生下九位大神，
他們的名字一個也不能忘，
他們就是：
管風的神米沙，
管雨的神即比，
管雷的神阿惹，
管土的神達俄，
管籽種的神姐瑪，
管水的神阿波，
管田的神得威，
管地的神朱魯，
管溝的神阿縈。[9]

如此諸神派生，形成一個龐大的神靈生態系統，成為主宰人間生產生活的譜系。

中間層的世界中，人的父子連名製譜系除了人的血緣聯繫外，還

8　西雙版納傣族自治州民族事務委員會編：《哈尼族古歌》（昆明市：雲南民族出版社，1990年），頁19。

9　西雙版納傣族自治州民族事務委員會編：《哈尼族古歌》（昆明市：雲南民族出版社，1990年），頁20。

與動植物的血緣系統聯繫，連接成一個的整體動植物的世界。在哈尼族神話傳說《動植物的家譜》[10]中這樣說道：

> 摩依姑娘生下一個小囡，名字叫做遮姒，她是六種野物的先祖；直略姑娘生下的小囡，名字叫遮奴，她是六種家畜的先祖。兩個姑娘相親相愛，生出來的後代也做了一家。但是六種野物和六種家畜要認一認大小先後才好叫呀，兩個姑娘就走來商量，把十二個弟兄的名份排下來了。
>
> 頭天生下來的是老鼠，兩個姑娘定它是十二種野物家畜中的老大，老鼠生下地的日子定做鼠日。二天生下來的是牛，水牛下地的日子定做屬牛日，它是十二個哥弟裏的老二。第三天生下來的是老虎，它下地的日子定做虎日，虎是老三。第四天生下來的是兔子，它下地的日子定做兔日，兔是老四。老五、老六、老七、老八、老九、老十、老十一、老十二分別是龍、蛇、馬、羊、猴、雞、狗、豬，它們下地的日子就是龍日、蛇日、馬日、羊日、猴日、雞日、狗日、豬日，定出這些就不會錯了。
>
> 姐妹兩個分家了，十二種動物也分開在了，但是遮奴還是吃虧吃到底，遮姒還是便宜占到底：放野的動物在處寬，深山大箐老林，處處在；放家的動物在得窄，只是房前屋後寨邊地腳，分出三年，遮姒的兒孫生出三千五百種，遮奴的兒孫只生出三百五十種……。從此以後，世上的動物各在各的地方，各養各的子孫，各傳各的家譜去了。

---

10 雲南省民間文學集成辦公室編：《哈尼族神話傳說集成》（北京市：中國民間文藝出版社，1990年），頁132-141。

數完動物的家譜，又來數數植物的家譜。這高能的天神憂恖來
撒世人盼望的籽種，……這下世上有了人吃的莊稼：穀子有
啦，包穀有啦，蕎子有啦，姜也有啦……可惜憂恖天神只撒出
三把莊稼種，世上只生出三百三十種人吃的東西……
天神憂恖又撒出七把老林種……，這下青松有啦，嗑松有啦，
櫻桃樹有啦，麻栗樹有啦……大樹青草長滿了大地，野物們的
吃處在處有了，七千七百種野物喜歡啦，會過啦！
這就是植物的家譜，這就是天神憂恖傳下來的話。

在這則哀牢山區廣為流傳、家喻戶曉的神話傳說中，還有著一系
列關於動植物繁衍及直系親屬關係的描述，如：「黑蛇生下的，是黑
亮的小黑蛇，還有花蛇和青蛇；紅脖子蛇生下的，是它的小紅脖子
蛇、黃鱔和水蛇；大魚生下的小娃，說起來就多啦，有大魚小魚和花
魚，有紅魚白魚和黑魚，還有蝦子，螃蟹，蝦巴蟲，和數不清的在水
裏遊玩的活物，大魚的家譜老實長，七十隻背籮也背不下。」對於紛
繁複雜的動植物，哈尼族是根據直視物性來加於劃分其大類的，並用
在人間行之有效的父子連名製家譜加以連接而形成一個個動植物家族
的。[11]

物種的起源、發展以及動植物各「家族」的發生發展都有著自身
的規律。動物植物的分類以及動植物家譜的形成，不能不說是哈尼族
對物種發展自然規律的深刻認識，也說明了哈尼族以一種獨具特色擬
人化的血緣譜系方式構建了一個龐大的生物生態系統。

11　王清華：《梯田文化論——哈尼族生態農業》（昆明市：雲南大學出版社，1999年），
　　頁129。

二　哈尼族自然崇拜對象與生物多樣性

原始人類深深依賴於自己群體所謀生的地理環境。大自然的無窮無盡和變化無常，既給人類的生存提供了選擇的空間，同時又給人類造成無數的災禍。他們的饑飽、冷暖、病痛、歡樂、希望和恐懼等都同自然界的種種變化緊密地聯繫在一起。他們對自然界的長期觀察、瞭解和思索，加深了對自然界的感受。在一定意義上講，原始人對自然界的關注往往超過對自己本身的關注，這是當時極為低下的社會物質生活條件決定的。在世代謀生活動中，他們對周圍區域內看得見、摸得著的自然事物及其變化，常常觀察得非常仔細，瞭解得很具體。但是，自然界為什麼有這些繁雜的變化而生生不息？他們將自然界生動的現象和巨大的力量，直觀地、樸素地用來同自身的經驗作類比，對自然界不斷展開人格化的想像和加工，進而用原始的、簡單的「靈」的觀念注入到自然界的各種事物中去，以此解釋自然界的變化原因。

原始自然崇拜對「靈」的觀念，最初起源於對人們生活最密切、影響最大的個別事物上。隨著人們生活領域的擴大，意識到的東西更多，對靈的理解和解釋也多樣化起來，進而形成了「萬物有靈」的觀念，即凡是人具有的品格和能力自然界的萬事萬物都有靈；人沒有但渴望具有的品格和能力，自然界也都具備。因此，人們把自然界神秘化和人格化是神靈產生的主要原因。

由於哈尼族自然觀的思想基礎是宇宙三層論，其原始自然宗教崇拜的依據是萬物有靈，他們認為天和地是一個相連的整體，並根據哈尼族的神話傳說，天、地、神、人是同時產生的。因此，在整個宇宙空間形成了神的譜系。

　　從哈尼族的神靈起源及其神靈體系可以看出，特定的地理環境既是構成人們對認識世界的基礎，又是決定哈尼族自然崇拜影響生物多樣性的客觀因素。哈尼族自然宗教崇拜的對象有天、地、日、月、風、雨、雷、閃電、山、河、動物、植物、水、石頭、鬼魂、祖先等。也就是這種紛繁複雜的崇拜對象決定了哈尼族的自然宗教觀，對生物多樣性的保護產生了深刻的影響，下文選擇具有典型生態文化意義的幾種崇拜對象及其祭祀方式加以分析。

（一）天地崇拜與祭祀

　　以梯田稻作和陸地稻作為生存物質基礎的哈尼族，天地氣候的變化直接影響其農耕活動和食物的豐歉。因此，求天神、地神保祐食物豐收是哈尼族自然宗教祭祀活動的主要內容之一。

　　哈尼族稱天神為「莫咪」，稱地神為「咪收」。「莫咪」是天上諸神中至高無上的大神，司管著日月星辰、風雨雷電諸神的施行，也是人間最大主宰，它能保祐人間五穀豐收、人丁安康，六畜興旺。直接與梯田農耕有關的「威嘴」和「石匹」二神，屬於莫咪派生的次一級天神，它們司管人間的農業，奉為農業的保護神，年年定期祭祀。地神「咪收」，據說是天神莫咪的女兒，分管人間，並下住在人間的各個村寨之間，是下達天神莫咪旨意，上達民間意念的一位美麗女神。

　　給天神磕頭，是哈尼族對天神崇拜的祭祀方式，分公祭和私祭兩種。公祭時，祭祀犧牲為一隻紅公雞，地點在寨神林旁邊。選擇屬羊日進行，祭祀當天全寨忌日，不事生產，絕對禁止把綠葉樹枝拿進寨子。具體祭獻時，分活雞、去毛整體雞、熟雞三次獻祭，全村參加祭祀活動的人也要磕頭三次。並每戶要拿一把米，連同祭祀的公雞肉合煮成一大鍋稀飯，最後每家要分回一碗稀飯，全家人都必須嘗一口，以此求得莫咪的保祐，全家人、糧、畜都得到發展。私祭，同樣是一

隻紅公雞，地點在自家房頭上，先安放一張桌子，桌上點三盞油燈，燒三柱香，備酒、茶、糯飯各三碗，外加一大碗米。雞同樣分活祭、死祭、熟祭三步，全家人分三次朝天磕頭，並祈禱：「尊貴的莫咪，今天用漂亮的公雞祭獻你，請保祐三層人丁，三類莊稼和三種牲畜……管糧的天神『色吳阿收』來；管人的天神『歐戶農博』來；管畜的天神『奎麼阿熱』來。一天不來一次，三天一次一定來，在天神的庇護下，人糧畜才能發展」。[12]

哈尼族對「威嘴」、「石匹」天神的祭獻是在每年農曆六月「矻紮紮」期間舉行。上文已述及，在此不在重述。

哈尼族對地神「咪收」的祭祀各地由於栽插節令不同而具體日期有所異。元陽縣小新街鄉者臺村哈尼族是在農曆三月第一輪屬馬日舉行，哈尼語稱其為「咪莫突」。「咪莫」是土地神的意思，「突」是祭的意思。祭祀的主要的犧牲是一頭肥豬和公雞、母雞各一隻。地點是在建寨時選好的一棵大榕樹（俗稱萬年青）下。屆時將肥豬雞宰殺後，以煮熟的肝、酒、茶祭獻。祭畢，主持祭祀的祭師與村中幾位男性長者就地共食祭品外，其餘豬肉戶均分配，帶回家中烹製後向祖先神靈祭獻，然後家人共食。認為這樣得到了地神咪收的護祐，終年消災避難，即將栽下的稻穀豐收。

---

12 清波：〈哈尼族民間諸神淺析〉，《紅河民族研究》，1989年第1期（1989年）。

村民祭地神

Sacrificing Gods on the Earth

　　哈尼族對日月星辰、風雨雷電，也懷著神秘的崇拜心理，但無具體的祭祀活動，只是將代表日月星辰的符號戴在身上，以示敬仰。如哈尼語稱星星為「阿溝形」，服飾的銀泡也稱「阿溝形」，滿身的銀泡衣如同天空的滿天星星。在遠古哈尼族意識中，日月為萬物滋生之物，凡農事、曆法乃至起屋、出遊、婚嫁依據太陽月亮運轉周期而定。在哈尼族創世史詩和神話傳說中，也敘及日月停居的天界是祖先神靈住地之一，或者認為老人死亡其靈魂回歸故里時，至少要經過日月停居的的天界。哈尼族還將地上的人與星辰聯繫一起，認為天上有多少星辰，地上便有多少人，一顆星辰標誌一個人。日月星辰看上去是天體之物，實際上則是哈尼族所崇拜的虛幻的天神「莫咪」的化身。

　　哈尼族對日月星辰的崇拜，也表現在日蝕月蝕的認識上，認為發生日蝕月蝕是天上的災難。一旦發生日月蝕，那是「天狗」吃日月，

人們就會擊鼓敲盆，奔走呼叫：「天狗別吃月亮啦！趕快放開它。」「我們沒有日月不會在！」以這樣的呼聲表示對日月的崇敬。忌諱在發生過月蝕的月分內進行叫魂、結婚等喜慶活動。

哈尼族對星辰的祭祀時間一般選在秋收季節，此時秋高氣爽，星辰明亮，祭品是一隻紅公雞，三碗酒，三碗茶，三碗大米。點燃三盞油燈，將祭品用簸箕放於天井裏看得見天空的地方，人們朝天磕頭。[13]

哈尼族對狂風雷電、冰雹、地震等自然現象具有巨大的力量感到神秘而不解，於是產生了各種神奇的幻想，作出各種各樣的解釋。但其中心觀點認為在深邃的天空中，有一塘巨大的風海，水溢浪起，地上就會起風；風海一旦決口，狂風瀑雨就會傾瀉而來。因而人間會遭殃，每當遇到風雨冰雹毀房，毀莊稼時，全寨人就要忌日一天，不事生產。並在村邊寨旁殺牲祭祀。

對於雷電現象的解釋，也是多種多樣。但主要觀點認為天上的兩個風王相遇在一起時，像牯子牛一樣互相抵架，發出隆隆的雷聲，濺出了火花，產生雷鳴電閃。如果地上的人和動物違背了天規，此時天神就要用雷電來懲罰。因此，哈尼族認為自然界的樹木和石岩常遭雷擊，是因為此處樹上或岩石有蠍虎等小動物把屁股對著天，蔑視天神，就用雷擊懲治它們。每年的第一聲春雷，在自己生日屬相那天聽到是最不吉利的。一旦碰到這種情況，至少要用一對雞鴨蛋叫魂。初春季節，普遍要給孩子叫一次魂，以防不懂事的孩子在自己的生日屬相那天聽到第一聲春雷。

13　清波：〈哈尼族民間諸神淺析〉，《紅河民族研究》，1989年第1期（1989年）。

祭祀野生動物和解

Sacrificing Wild Animals for Compromise

（二）水火的崇拜與祭祀

水和火崇拜在哈尼族的自然崇拜中帶有普遍意義。水和火與人們的生產生活息息相關，水除了人們日常飲用外，是梯田農耕的「血脈」水源。哈尼族對水的崇拜具體表現在水生動物的敬仰及人們對水井的祭獻。

哈尼族認為，魚是人類和宇宙的起源。流傳於元陽縣《天、地、人的傳說》：

> 遠古時代，世間空蕩蕩，只有茫茫一片霧在無聲無息地翻騰。
> 不知過了多少年月，這霧變成了極目無際的汪洋大海，生出了
> 一條看不清首尾的大魚。又不知過了多少年月，那條大魚把右
> 鰭往上一甩，變成了天；把左鰭往下一甩，變成了地；把身子
> 一擺，從脊背裏送出了七對神和一對人種。世間這才有了天、
> 地，有了神、人。那對人種男的叫直塔，女的叫塔婆。塔婆便

> 渾身上下懷孕，生下了二十一個娃娃，其中，老大是虎，老二
> 是鷹，老三是龍，剩下的九對是人……[14]

　　這裏的魚不僅是人類的起源，而且是飛禽走獸的起源。另一則流傳於墨江的哈尼族神話《青蛙造天造地》也是講青蛙是宇宙和人類的起源：

> 遠古時沒有天，沒有地，沒有人，只有無邊無際的大海。水族
> 互相吞食，海裏一切可食的東西快被吃光了。龍王驚恐了，只
> 得讓青蛙去造天造地。青蛙浮到水面後，奇跡出現了：青蛙吃
> 剩的骨頭吐出去，變成了冒出海面的大石頭；拉出的屎變成了
> 黏在大石頭上的土，石頭和土不斷長大，海面上漸漸出現了島
> 嶼。青蛙生下了一對巨人兄妹，青蛙就讓兄妹倆繼續造天造
> 地。兄妹倆在青蛙的指導下，用青蛙吐出的沫子繼續造地，用
> 青蛙的四肢作擎天柱造出了天，用青蛙的兩隻眼睛變成了太陽
> 和月亮。[15]

　　上述兩則是不同地區哈尼族洪水荒年兄妹傳人的故事，故事的主題都是水族創世。故事說明，水是可怕的，它可以毀滅人類。因此，人們對水充滿敬畏之情。另一方面，水族中的魚、青蛙是人類的起源。因此，人們敬重它們，崇拜它們。在今天哈尼族女子的銀飾佩物中有魚、螃蟹、青蛙、螺等水族造型，它們既是水中之物的神，又是

14　《哈尼族民間故事》編輯組：《哈尼族民間故事》（昆明市：雲南人民出版社，1984年），頁1-4。

15　雲南省民間文學集成辦公室編：《哈尼族神話傳說集成》（北京市：中國民間文藝出版社，1990年），頁25-29。

水神的象徵符號。因此，人們愛戴它們，祭獻它們。從中體現了哈尼族對自然感恩的思想。

哈尼族祭祀水神的地點主要在日常飲水用的水井旁或泉水邊，稱為「俅合說」，一般在每年農曆二月「昂瑪突」節和六月「矻紮紮」節時進行。哈尼族認為，人們日常飲用的清泉永不枯竭，是龍潭或泉眼中的螃蟹和石蚌起保護作用，於是視其為水神。屆時由兩寨老和一位莫批，帶著雞、鴨、米、酒、姜湯、蒜湯等供品來到建寨時指定昂瑪突節用水的泉水井邊進行祭祀。並用篾片編織一隻如簸箕大小的螃蟹，穿於竹棍之上，插於泉邊。祭祀開始時，莫批將雞鴨手提活祭，然後殺之煮熟祭。祭詞念畢，從每份供品中取少量倒在泉邊，其餘部分由參祭人就地共食。

祭水井
Sacrificing Spring Well

哈尼族對火懷著崇敬的心理。哈尼人家的火塘既是房屋中心，又是祭祀火神的地方。火塘既是哈尼人日常烹飪場所，又是烹製祭祀祖

先祭品的場所，三塊鍋樁石是火神的象徵，任何人不得隨意移動或跨越。每年十月年，以湯圓、茶、酒等祭獻鍋樁石和灶，即使今天鍋樁石被鐵三角架取代，也要在火塘邊立一小塊鍋樁石，象徵火神永遠在火塘邊。因此，哈尼族家裏火塘一年四季煙火不熄，即使人們外出勞作，也要把火紅的碳火用灰捂起來。

　　哈尼族認為，火給人類帶來溫暖，也可以給人類帶來火災。因此，每年正月或農曆二月在寨子邊的箐溝裏舉行「民迷迷」或「民塞塞」儀式，意即把火神封鎖起來，不讓它到處亂跑，以免發生火災。下面以元陽縣箐口村祭火神為例，描述哈尼族的祭火儀式。

案例：箐口村祭火神儀式

　　二○○五年二月二十七日（農曆正月十九日，屬馬）上午十一點左右開始，全村各家各戶均交一小捆柴、一小包米糠或柴灰和約三兩大米到寨中心，這個過程由小「咪谷」主持，而且一直持續到下午二點鐘左右。緊接著具體主持該祭祀活動的「莫批」、大「咪谷」和五個小「咪谷」來到大「咪谷」家。

　　大咪谷家中已備好祭祀犧牲，即一隻白公雞、一隻公雞和一隻母雞、一隻公鴨、一隻小雞和一隻狗（這次買不起狗，僅用狗毛來代替），此外還有一頭小豬（按舊習是需要一頭大肥豬的，但經濟條件有限則用小豬來代替）。莫批從大咪谷家的火塘裏取出一根火把。按規定，除了莫批和大咪谷以外，其它人不得進入大咪谷家的火塘邊，否則就是冒犯神靈。其它的大小咪谷則帶上已備好的上述祭品和村民交來的柴米等物從大咪谷家出發往村外西北的一小箐溝中祭祀。途中要經過寨中心，在經過莫批家的路邊停下，莫批蹲在牆角祈禱，禱畢用從大咪谷家帶來的水澆滅火種。接著這一行人繼續出發，大咪谷邊走邊大聲向村民宣告要去祭火神，村裏選出的其它一些男性則帶上

鍋、碗、瓢、盆等炊具尾隨其後。所有這一行人浩浩蕩蕩到達目的地之後，首先用樹枝搭建起一個臨時的兩層的祭臺，莫批在上層放上三碗茶水、一碗生米、一碗熟糯米，糯米上放一個熟雞蛋；下層也要擺放三碗茶水、一小碗米飯等祭品。小咪谷在祭臺附近殺犧牲，殺牲順序也有講究：先殺白公雞，再殺那一對公雞和母雞（先公後母），最後才殺鴨。雞血要用碗接好，然後放在下層祭臺。同時，村裏來幫忙的男性在另一邊支灶生火，殺小豬，用一大鐵鍋煮肉以供參與共祭的村民享用。莫批把其它祭祀用品，一升生米、一卷白土布、一隻銀手鐲、一斗穀子放到祭臺旁；而小咪谷則準備一個芭蕉根，中間挖洞，以備後用。到此為止第一次的祭獻儀式結束。該儀式意在用祭品招回各大小火神。

所有的雞鴨供品犧牲，從宰殺到蒸煮到最後的享用都只限於莫批和大小咪谷，用於通神和求得神靈的保祐。等到所有的肉類煮熟後才開始第二次的獻祭。莫批在下層祭臺擺放一碗水、三碗煮熟的米飯，一碗熟鴨肉、一碗母雞肉、一碗公雞肉（這些肉類均只取其身體各部位的少許作為代表），還有一碗酒，然後在有肉的碗上各放一雙筷子。之後由大咪谷擺放上一層的祭品，這些祭品要先放在竹篾桌上，然後才移放在祭臺上，有四碗熟米飯，四碗肉，一碗水和四碗酒，也要在有肉的碗上各放一雙筷子。所有這些準備好之後，大「摩匹」立向祭臺誦經，誦完一段詞，大小咪谷與莫批一起向祭臺連磕三個頭。念完經後莫批用下層的祭品獻祭火神，剩餘祭品撤下祭臺；而上層祭品的獻祭則由大咪谷負責，每種祭品分三次各取少許放到祭臺上，這次的獻祭意為讓各火神享用過祭品後快快回到各自來的地方去。

祭獻結束之後，莫批用米飯獻過其祖師以後，其它人才可以準備開飯，同時通知村民來共用祭品。在吃飯之前，莫批手持火把和一碗水在前，一個小咪谷抱小雞和芭蕉根尾隨其後，到箐溝裏低潮處用水

澆滅火種，把小雞放進芭蕉洞後活埋起來。回到祭臺邊，把村民交來的米糠和柴灰包用尖刀刺破後撒在地上，意即阻止已被送回去的各路火神再折回村裏為害。

村民每家出一男性（小孩均可參加，但婦女嚴禁參加）自帶碗筷、飲料、米飯和蘸水在附近共用豬肉；而莫批和各大小咪谷要在祭臺邊享用雞鴨肉。不論村民還是祭祀人員，祭品的享用都意味著通神、人神共娛，吃完祭品就意味著關閉了火神回村的門，各種邪頑妖魔鬼怪都被攆出寨子了。

「咪谷」與「莫批」主持祭祀火神儀式
Migu and Mopi Hosting Rite to Sacrifice the Fire God

（三）山神崇拜與祭祀

哈尼族認為，凡是山都有一定的神靈司管，如果得罪了山神，輕者莊稼顆粒無收，重者危及人的生命。哈尼族各村寨每年都要定期舉行殺牲祭祀山神的儀式活動。有的一寨祭一座山，有的數十寨祭一座山。在此以紅河縣架車等地的哈尼族祭祀阿姆山為例，從中可窺見哈尼族山神崇拜之一斑：

　　阿姆山位於紅河縣中南部，最高海拔二五三四米，覆蓋著茂密的原始森林，常有毒蛇猛獸出沒，為雲南省級自然保護區。人們平時進入林中常常會迷失方向，更增添了神秘恐懼之感。當地哈尼族稱其為「迷最」，意即「山之王」，周圍村民無不虔誠祭祀供奉。據統計，每年參加祭祀的有數十個村寨，近二〇〇〇餘戶。這些村寨從東、西、南三個方向朝阿姆山祭拜，有的一年一祭，有的三五年一祭。祭祀以聯合村寨或各村寨的方式進行。祭祀犧牲選擇時，要打雞骨卦擇定，一般是一頭牛、一隻公雞、二隻母雞，各村分散祭祀時則用一隻山羊、雞一公二母、一甑糯米飯。村寨聯合祭祀有固定的地點，村寨分散祭祀則在村旁看得見阿姆山的地方進行。祭祀時間一般選擇在農曆六月屬羊日。祭祀當天，男女老幼均不事生產，不做針線活，把準備好的黃花牛趕到祭祀地點，由莫批主持。牛宰殺之後，牛肉全部剔下，整個牛骨不能散架，牛頭及四肢不砍斷，扶起牛頭朝向阿姆山站立，然後把剝下的牛皮披於骨架上，猶如活牛遙望阿姆山。祭獻時，先用樹枝搭一祭臺，臺上鋪松毛樹葉，然後擺二碗肉、三碗飯、三碗酒、三雙筷，主祭人朝向祭臺和阿姆山磕頭，所有參與祭祀的人跪拜，爾後一起在山上就餐。祭祀的目的是祈求阿姆山神保祐周圍村寨五穀豐登、六畜興旺、寨民安康。[16]此外，綠春縣城山梁子的十二個村寨，每年農曆二月第一輪屬牛日也在元陽和綠春交界的分水嶺「阿保歐濱」以殺牛進行祭祀山神的儀式。

　　二〇一〇年五月二十日，筆者參加了元陽縣新街鎮阿者科、牛保普、大魚塘、愛村、哈單普、岩子腳等十多個哈尼族、彝族村寨聯合祭祀元陽縣東觀音山的活動。時間一般是栽插結束後，農曆五月選屬

---

16 李期博：〈哈尼族原始宗教探析〉，《紅河民族研究文集・第一輯》（昆明市：雲南大學出版社，1991年），頁12-13。

馬日。祭祀犧牲是一條黃牛、一頭母豬、三隻公雞、三隻母雞、一隻母鴨。主持祭祀的有九人，其中一人莫批是主祭。每戶村民的成人男子必須有一人參與活動。祭祀活動的費用原則上戶均攤派。

　　哈尼族選定寨址或墳地時，都要查看周圍山脈走向，認為這是禍福攸關的大事。寨址和墳地後邊要有堅實的「靠山」，左右有較長的山脈走向，並中間不被河流截斷。認為這樣的地方才是最佳的人居環境。

元陽縣新街鎮愛村等哈尼族祭祀觀音山神活動
Worship Activities to the Buddha Mountain Deities Hosted by the Hani People in Xinjie，Yuanyang County

（四）動物崇拜與祭祀

　　哈尼族動物崇拜是自然山水崇拜的發展和深化。哈尼族崇拜的動物除上述的水族動物外，還有狗、虎、蛇、燕子、白閒、喜鵲、麻雀、陽雀、烏鴉等多種動物。哈尼族動物崇拜對保護對生物多樣性產生了不可低估的影響。

　　狗能看家守門，出山狩獵，可謂是人的忠實夥伴。二十世紀七〇年代前，很多地區的哈尼族忌食狗肉，個別人要吃也必須到僻靜的地

方去煮吃。吃了狗肉之後，鍋碗都不要了，把吃狗肉看作是羞恥之事，小夥子吃狗肉，會被姑娘冷落。哈尼族地區在梯田稻穀轉黃之際，一般在農曆八月第一輪屬龍日舉行嘗新米節，新米飯先喂狗之後，人們才能吃新米飯。據說五穀絕種之時，是狗找回來穀種才使稻作文明得以延續的。為了感激狗的功勞立下吃新米節米飯先喂狗的規矩。燕子從天上帶回了南瓜種，給人們過上了碩果累累的幸福生活。

虎是山中之王，也是山神的象徵。紅河縣樂恩等地區，至今還保留著祭石虎的習俗，這裏的石虎被尊崇為寨子的守護神。村邊蓋一間簡易的竹瓦房，屋裏供著兩隻未經雕鑿的一公一母石虎，守護村寨人畜安寧，每年正月間要殺一隻紅公雞祭獻。老虎以村社保護神的面目出現，跟哈尼族俗話說的「真正的老虎是不吃人的」、「老虎不咬吃飯人」的意思是合拍的，反映哈尼族對老虎的崇敬心理。因此，把老虎視為兄弟，嚴禁狩獵。前引哈尼族民間故事《天、地、人的傳說》已述及，塔婆不僅是人類始祖，也是飛禽走獸的始祖，換言之，人和老虎是兄弟。在元陽縣箐口村、全福莊等寨腳也立有石雕的老虎，農曆二月昂瑪突節前夕以公雞和母雞各一隻作犧牲對其進行祭獻。

哈尼族敬畏蛇，尤其懼怕大黑蛇、蟒蛇等。哈尼族不食蛇肉，在哈尼人看來，它們用腹部走路，形象醜陋，但能傷及人命。因此，人們平時在山上碰到大蛇，一般不敢輕易地走過去，並說一聲「各走各的路」，示意讓蛇走開。出門碰到蛇攔路，認為是不吉利，必須返回家中擇日再出門。哈尼族認為蛇是懸崖、江河、龍潭、高山等地神靈的化身，村寨神林中的蛇出沒，認為是寨神的化身或寨神的坐騎。有時蛇類傷及人也通過法事化解人與蛇的「矛盾」。

哈尼族認為，白閒鳥、喜鵲、麻雀、陽雀、烏鴉等都是些益鳥，與人們的生產生活息息相關，人們嚴禁狩獵，並把它們的身影繡在服飾上愛戴它們。

（五）森林崇拜

守寨門的石虎

Stone Tiger Guarding Village Gate

　　以萬物有靈論為理念的哈尼族自然宗教觀，對山水林源寄予特殊的文化內涵。在哈尼族看來，碧波萬里的原始森林裏，棲息著眾多人格化的神靈，它們具有神秘的威力，並能夠鑒別真偽，懲惡揚善。因此，從建村立寨之時起，哈尼族就非常重視培植村社周圍的樹木。尤其喜歡種植金竹、棕樹、梨樹、刺通樹等樹木。哈尼族把村旁的樹木當做圍牆，不讓災難、邪惡、瘟疫進寨。他們認為樹好水好，兒女才能長得漂亮聰明。寨子邊的古木枝椏垂地，意味著人能長壽。因而視寨子邊上古木為神聖之物，一旦這些樹木枯死倒下，全寨人要忌日子以示哀悼，並且讓其自然腐爛，不做柴火或他用。在創建新村落之時，村址的選擇必須考慮接近水源林，並在村落上方要選擇一座森林茂密的小山作為護寨神棲息之所。

　　一般來講，哈尼族的每一個村寨都必須有一座具有生物多樣性的神林。據筆者初步調查統計，元陽縣哈尼族神林有五二九座，紅河縣

哈尼族神林有六六五座，綠春縣哈尼族神林有七○二座，金平縣哈尼族神林有二五四座。這些村寨神林大小不等，大者三十至五十畝，小者一至三畝。這些神林既是眾神棲息的大森林縮影，又是哈尼族一年一度「昂瑪突」節殺牲祭祀的場所。主持祭祀的祭師及助手由全體村民推選進入林間進行祭祀活動。如果隨意進入神林中折斷草木，都被視為對寨神的不敬，認為這觸犯了寨神，此人就必須按傳統禮儀殺牲向寨神贖罪。因此，林中的一草一木均受全體村民的保護。

哈尼族的神林由於受到宗教文化的長期保護，具有原始森林的生態景觀，可以為生物多樣性提供生境。一個個的神林，像一塊塊鑲嵌在哀牢山間的綠寶石，如同跳棋盤上的空格，有助於生物從一個神林遷移到另一個神林，成為哀牢山中生物遷徙的走廊，能夠促進生物遺傳信息的交流，有利於保持物種的遺傳庫。這與法律保護的原始森林資源相得益彰，成為哈尼族地區重要的水源林。

自然保護區是在全球人類生存環境因人類活動而出現生存環境危機的狀況下，由科學家倡儀，通過法律手段，杜絕人為破壞而達到保護目的規定的區域。哈尼族地區的自然保護區是一九八四年才建立起來的，主要有哀牢山、屏邊大圍山、金平分水嶺、綠春黃蓮山等國家級自然保護區，紅河縣阿姆山、元陽縣東西觀音山、元陽與綠春交界的分水嶺等省級自然保護區。這些保護區既受法律的保護，又受宗教文化的保護。哈尼族從古至今對這些山林定期進行殺牲祭祀活動。人們以此為契機調整人地關係的行為準則，客觀有效地保護了水源林，保證了哈尼族梯田持續發展的「血脈」水源。因此，這些山林具有意義深刻的生態文化內涵。例如，綠春與元陽兩縣交界處的「阿羅歐濱」地方，那裏古木參天，每年都有十多個哈尼村寨殺牲祭祀。當人們要出遠門或出征打戰之前，都要去那裏磕頭跪拜，祈求樹神保祐。相傳，一個名叫簡收的姑娘，拄著一根拐棍，走村串寨，翻過一座山

又過一座山去乞討。一天，她走到「阿羅歐濱」，在一處泉水邊停下喝水，把拐棍插於泉水邊。當她要繼續趕路時，拐棍已經生根拔不起來了。後來便萌發成一棵遮天蔽日的大樹，人們稱之為大萬年青樹王。

哈尼族神林圍繞的村落

Villages Surrounded by the Holy Forest

哈尼族的神山森林

Holy Forest

三　哈尼族利用動植物祭祀與生物多樣性

哈尼族祭祀活動對動物犧牲與植物祭品的需求促使人們對相關物種進行必要的保護，這種保護雖然是以祭祀需要為目的，但客觀上起到了保護哈尼族地區生物多樣性的作用，因為如果某種生物人們不需要了，久而久之就可能消失了。哈尼族在各種祭祀活動中利用的動植物種類繁多，數量較大，而且由於哈尼族節日繁多，使得對動植物的需求量出現普遍化、經常化的特點。詳見下表：

表7-1　哈尼族利用動植物祭祀閱覽表[17]

祭祀名稱	祭祀對象	祭祀時間	祭祀地點	主要犧牲	主要植物
祭天神	摸咪	農曆10月屬羊日	寨神林旁	1隻紅公雞、1枚熟雞蛋	茶水、酒、糯米飯、筷
祭地神	咪收	農曆3月屬馬日	地神林中	1頭肥豬、公母雞各1隻、1枚熟雞蛋	茶水、酒、染糯米黃飯花、糯米飯、筷
叫寨魂	昂瑪	農曆2月屬虎日	村寨出入口	1頭肥豬、1頭小豬、公母雞各1隻、1碗醃雞蛋、1枚熟雞蛋	茶水、酒、糯米飯、醃蘿蔔、炒黃豆、臭油果枝葉、油菜花、筷
封寨門	邪惡鬼神	農曆2月屬馬日	村寨出入口	1隻公狗、1隻紅公雞、1隻白公雞、1枚熟雞蛋	茶水、姜湯、酒、蒜、米飯、竹篾條、siqmavqmeilqeil、稻草繩、筷

---

17 孟晴、褚瀟白、黃紹文：〈雲南哈尼族傳統宗教文化與生物多樣性保護〉，載薛達元主編：《民族地區傳統文化與生物多樣性保護》（北京市：中國環境科學出版社，2009年），頁68-69。

祭祀名稱	祭祀對象	祭祀時間	祭祀地點	主要犧牲	主要植物
祭水井	螃蟹、石蚌	農曆2月屬羊日或6月屬豬日	村邊公用水井	1隻紅公雞、1隻花母雞	麻椒水、酒、刺竹、黃豆苗、荁菜、松樹枝、筷
祭寨神	昂瑪	農曆2月	寨神林中	1頭肥豬、公母雞各1隻、1枚熟雞蛋	茶水、姜湯、酒、蒜、糯米飯、五里香花、筷
苦紮紮	威嘴、石匹	農曆6月	磨秋場	1頭水牛或黃牛、公雞和母雞各1隻；每戶家庭各2隻雞祭祖；、1枚熟雞蛋	麻椒水、茶水、酒、烏山草、黃豆苗、荁菜、松樹、龍竹、野藤、蜜蜂花葉、黃豆芽、黃瓜、栗樹、筷
祭田壩	田神	農曆4月屬龍日	村寨腳能見梯田的草坪	1頭肥豬、公母雞各1隻、1枚熟雞蛋	磨椒水、柳樹枝、蜂蜜花葉、酒、糯米粑、筷
莫昂納	牛、農具	農曆4月	秋場、梯田水口	1頭肥豬、公母雞各1隻	茶水、酒、米飯、糯米粑、紫蘭草、筷
祭山神	山神	農曆6月屬羊日	山腳、村寨邊	1頭水牛或1隻山羊、公雞和母雞各1隻、1枚熟雞蛋	松樹葉、栗樹枝、茶水、酒、米飯、筷
鎮火神	火神	正月屬馬	箐溝邊	1隻公狗、1頭肥豬、白公雞和紅公雞各1隻、1隻母雞、1隻公鴨、1隻小雞、1枚熟雞蛋	茶水、酒、生米、米飯、芭蕉根、米糠、草木灰、白土布、筷

祭祀名稱	祭祀對象	祭祀時間	祭祀地點	主要犧牲	主要植物
家庭招魂	全家人	農曆10月	寨子出入口、家門口	1隻母雞、1隻公雞、1隻母鴨子、2枚熟雞和鴨蛋	茶水、酒、糯米飯、白土布、3隻小貝殼、布條火繩、筷
招回田間失落之魂	失魂人	失魂人生日	梯田水口、家院子	1隻白公雞、1枚熟艱蛋	茶、酒、筷、火繩、3隻貝殼、白土布
招回水中失落之魂	失魂人	失魂人生日	失魂河水邊及回來沿路	1隻母雞、1隻公雞、1隻母鴨子、1條活魚、1枚熟雞蛋	金竹勾、9片黃泡刺葉
招回陰間失落之魂	失魂人	失魂人生日	村邊磨秋場	1隻母雞、1隻公雞、1隻母鴨子、1條公狗、1頭小豬 、1枚熟雞蛋	茶、酒、米飯、9枝金竹勾、9片黃泡刺葉、1枝蒿草杆、3枚貝殼
求神放魂	司管魂之神	失魂人生日	村子腳的箐溝邊	1頭山羊、1隻鵝、1隻公雞、1隻公鴨、1隻鴿子	茶、酒、米、1個檳榔、3片棕葉、白土布、筷
保魂固魂	任何人	農曆2月	寨子邊	1隻母雞、1隻公雞、1隻公鴨子、1頭山羊、1頭小豬 、1枚熟雞蛋	茶、酒、米、糯米粑、金竹、穀子、玉米、蕎子、黃豆、棉子、貝殼、筷、
招家畜之魂	家畜	春耕或秋收後家畜屬相日	畜廄旁	1隻母雞、1隻公雞、1隻公鴨子、1枚熟雞蛋	茶、酒、米、9片刺葉、9條烏山草、1把飼料草、筷

祭祀名稱	祭祀對象	祭祀時間	祭祀地點	主要犧牲	主要植物
招五穀之魂	五穀（稻、蕎、棉）	五穀成熟之際的屬龍日	田間	1隻母雞、1隻公雞、1隻閹雞、1枚熟雞蛋	
婚禮		農曆10月	家庭屋內	主祭公雞1隻、食用雞數十隻、食用肥豬1頭、泥鰍1碗、魚1碗	茶、酒、糯米飯、米、金竹、樹花、蘑芋、豆芽、其它食用蔬菜
喪禮	祖先		家庭屋內	山羊1頭以上、牛1頭以上、肥豬和小豬數頭、雞數十隻	茶、酒、糖、糕點、龍竹、刺竹、蘆葦、刺通數、野藍靛、蜂蜜花葉、黃刺泡、尖刀草、米飯、糯米飯、食用蔬菜數種

　　哈尼族的祭祀活動對動物犧牲和植物祭品的需求促使人們對相關物種進行必要的保護，這種保護雖然以確保其祭祀用品的實際需要為目的，但在客各上使許多物種得到了有效的保護。我們在田野調查中發現，哈尼族的寨子周邊，不僅有許多自然生長的植物，而且還有人工栽培竹類、棕樹、芭蕉樹、刺通樹以及桃、李、梨等果木樹。如黃泡刺、尖刀草、蕎枝、金竹、細黃竹、毛竹、棕樹、檳榔、藍靛、桃子、李子、梨、櫻桃、橙樹、大杜鵑花、臭油果、錐栗、毛毛樹、柳樹、槐桃樹、七里花香、蜂密花、野芭蕉樹、山魔芋、藤子果葉、蘆葦、野姜葉、車前草、菖薄、蕨草等植物為不同祭祀活動所需用品，既有野生的，又有栽培的。這些不僅是村寨特有的景觀，而且與哈尼族的祭祀用品的需求有密切的聯繫。因此，哈尼族的祭祀活動對生物多樣性保護具有積極的作用。

四　哈尼族咪谷與莫批祭祀對生物多樣性的保護

（一）咪谷與莫批的產生和發展

「咪谷」和「莫批」是哈尼族社會中普遍存於自然宗教的二種神職人員，是哈尼族自然宗教活動的主持者，他們之間既有區別，又有聯繫。從咪谷與莫批產生的歷史背景、社會身份與職能看，他們是伴隨著哈尼族定居生活的產物，而哈尼族何時定居至今仍然缺乏清晰的時段，但我們從哈尼族的口碑傳說與其在現實生活中所扮演的村社祭師及其職能活動中進行深入的剖析，還可以窺視這一問題的歷史面貌。

「咪谷（milguq）」，又稱「昂瑪阿偉」、「普瑪阿波」、「普司」、「最瑪」等，均為漢字音譯哈尼語，「咪」意為地，「谷」意為筋脈，咪谷的字意為「山梁脈絡」；哈尼語對村社祭祀活動的祭師，也稱「咪谷」，其引申意為「村寨精神的支柱」。此取後者意義。

在哀牢山區哈尼族聚居的紅河、元陽、綠春等地區，廣泛流傳著《三個神蛋》和《最、批、技》的傳說故事。故事內容描述的都是哈尼族社會中三種重要身份人物的來歷，即最（頭人）、批（莫批）、技（工匠）。《三個神蛋》的大意是：天神莫咪的神鳥下了紅、綠、白三個蛋，三個蛋裏出來三個男人，紅蛋裏出來的人說：「我來當官，給地上的人判事」；綠蛋裏出來的人說：「我來當莫批，給地上的人驅鬼治病」；白蛋裏出來的人說：「我來當工匠，給地上的人製造工具、蓋房子」。[18]《最、批、技》的大意是：天神煙沙家有白、花、紅三塊大田，白田裏播下的人種，長出三等頭人；花田裏播下的人種，長出三

---

18 雲南省民間文學集成辦公室編：《哈尼族神話傳說集成》（北京市：中國民間文藝出版社，1990年），頁207。

等莫批；紅田裏播下的人種，長出三等工匠。[19]從此三種能人來到人間各司其職，社會四平八穩，人民安居樂業。

　　上述傳說故事一方面給我們提供這樣的信息，從古至今在哈尼族社會裏管理村內事務政治人物的頭人與從事宗教活動人物的咪谷與莫批以及從事專業技術人物的工匠是同等重要。因此，哈尼諺語說：「頭人不在城牆倒，莫批不在鬼作亂，工匠不在田地荒」。意思是說，頭人管理村寨事務，莫批是驅鬼避邪，工匠是修理農具。這深刻地反映了三種能人在哈尼族社會中的地位和不同作用。另一方面說明三種能人是由天神降生，其地位的等同性和不可替代性，同時，也反映了哈尼族歷史社會結構是政、教、工藝合一的組織形式。這與史料記載的哈尼族歷史社會相吻合。

　　據考證：仲牟由（搓莫耶）是七世紀唐代早期的人，他是「和蠻」[20]部落的一個首領，是哈尼族父子連名製譜系中共同追溯的「搓莫耶」的諧音，被視為哈尼族的男性共祖。當時的哈尼先民有過「鬼主」制度，即部落首領和原始宗教祭師合二為一體的氏族部落制。鬼主有大、小之分。大概是一氏族就是一小鬼主，部落則有大鬼主。因此，哈尼族父子連名譜系中的「搓莫耶」其實就是一個大鬼主，也許是一個集眾多部落聯合體的大鬼主。因為仲牟由的眾多遺裔中，有絳、闊、闊畔、烏蒙、芒布等五個部落，自大渡河南境向東南遷徙，活動於今川西南涼山彝族自治州及滇東北昭通地區和黔西北畢節地區的烏蒙山區。這些地區皆在金沙江流域的兩則。闊畔、烏蒙、芒布這三個和泥部落，自唐代至明代千餘年間，曾是滇東北烏蒙山區的統治者。上述的「鬼主」其實具有人神媒介的特殊身份，它就是哈尼族自

---

19 雲南省民間文學集成辦公室編：《哈尼族神話傳說集成》（北京市：中國民間文藝出版社，1990年），頁215。

20 「和蠻」：唐代歷史文獻對哈尼族祖先的稱呼。

然宗教祭師——咪谷和莫批合二為一的前身，同時也是集政教合一的部落首領。這種鬼主制度遺留至二十世紀五〇年代在雲南西雙版納的哈尼族地區仍然普遍存在。據調查，西雙版納哈尼族社會中的「最瑪」（頭人或寨老之意），過去就是政教合一的人物。每個家族有一個最瑪，為小最瑪；九個小最瑪可產生一個大最瑪。最瑪原初為世襲，後變為選舉產生，他既管理村寨事務，又主持宗教活動。這與鬼主制度如出一轍。[21]

　　從哈尼族傳說故事、家譜和漢文史籍的零星記載以及具有原始遺存性質的習俗生活來分析，我們可以粗略地看到哈尼族政教合一的歷史社會組織形式。咪谷和莫批就是產生於這種組織制度的原始氏族部落時期。但隨著社會的變遷，從宋代大理國至明清時期，中央王朝在哈尼族居住的哀牢山區推行土司制度後，土司領主取得統治地位，政教合一的鬼主制由此受衝擊，既是頭人又是祭師的鬼主演化成咪谷和莫批兩種身份的人物不得不從最高政治權力中分離出來，傳說中「最」就是咪谷的前身，故咪谷或最瑪（西雙版納的哈尼族對「祭師」的稱呼）仍然具有頭人的含義，只是其政治領導權被土司領主所替代，他只能主持宗教活動，從此失去了往日顯赫的社會政治地位，其職能範圍亦隨之縮小。但時至今日，咪谷在哈尼族社會中仍然具有很高的威望，今哈尼族村社中的村民小組、咪谷組織和莫批組織各司其職，相互協調，互不干預職能。

---

21 黃紹文：《諾瑪阿美到哀牢山——哈尼族文化地理研究》（昆明市：雲南民族出版社，2007年），頁21-22。

（二）咪谷選舉條件和莫批的分類與職能

1　咪谷選舉的條件

　　哈尼族自然宗教神職人員咪谷選舉的候選人必須具備傳統規定的一些條件：一是其直系親屬中曾經任過咪谷；二是其直系親屬沒有發生過死於野獸、槍傷、燒傷、淹死等非正常死亡的人；三是其只結過一次婚，夫妻健在，兒女雙全，五官端正，跛腳、斷手、眼瞎、駝背、六指等人不能勝任；四是其為人正派，辦事公道，從未參與過盜竊行為；五是其一生中沒有被人襲擊、野物咬傷、火燒傷、患過疑難雜症；六是其直系親屬中沒有發生過勞教等不光彩的行為；七是三十歲以上的男性村民。凡符合上述所有條件缺一不可者，方可列為咪谷的候選人。

2　咪谷選舉的過程

　　二〇〇五年春節筆者有幸全程參與了元陽縣小新街鄉者臺村咪谷改選儀式。二月十三日（農曆正月初五屬龍日）下午，村民小組根據前一屆李毛則大咪谷的辭職請求，如期召開了一個有村民小組成員、莫批、村民代表參加的小型會議，會議根據選舉咪谷的條件，推選出八名候選人，他們是：李山賈（五十歲，屬前一屆小咪谷）、高檢木（五十歲）、曹歐雜（四十九歲）、李讓則（四十三歲）、李賈木（四十歲）、普讓木（四十三歲）、李為候（四十三歲）、李拾奔（三十九歲）。他們根據會議安排，十四日（農曆正月初六屬蛇日）中午飯後先後來到前一屆大咪谷李毛則家中，下午依時以雞卦確定正式人選的儀式開始，由本村莫批曹賈雜主持。根據八名候選人必須用八隻雞，即相應一名候選用一對雞骨卦。儀式開始時，候選人坐在莫批一旁，莫批逐一為他們

祈求「昂瑪」寨神降臨靈驗咪谷。莫批對每一位候選人的祈禱語
是：「今天是屬蛇的好日了，今天在咪谷家，是德高望重的父母
家，四孔四眼的雞骨卦出來，五孔五眼的雞骨卦出來也不怕，骨
卦不好的一個身上也不要出來」。念完禱詞，候選人將公雞宰殺，
切毛剖腹乾淨後，把雞腿上端骨卦分解下來，並作上自己的標記
將所有骨卦與雞肉一同煮熟。骨卦煮熟後第二次儀式開始，將骨
卦上的肌肉剝離乾淨，每位候選人記住屬於自己的那一對雞卦，
將八對雞卦分別給莫批打卦、看卦，此時，候選人必須避開，打
卦時莫批沿著雞骨上的小孔輕輕插入削尖的小竹簽，以某一對骨
卦為例，若竹簽順小孔插入深，並能直立的為上等簽；有的簽直
立，有的簽斜插為中等簽，所有簽都只能斜插的為下等簽。此八
對十六隻骨卦，每一隻上最少的有一個小孔，最多的也只有二個
小孔。打卦的結果是：最好一對是右腳有二簽，並象一雙筷似直
立，象徵有吃有喝，左腳有一簽並直立（按習慣左腳直立的最
好），象徵腳踏實地，站得穩，受神靈歡迎。次好一對的左右腳各
只有一簽，左簽直立，右簽斜插。其餘六對的左右腳均斜插，為
下等簽。這樣打卦出來的結果：最好一對卦相應的候選人是李拾
奔為大咪谷，次好一對卦相應的候選人是李賈木為小咪谷。新一
屆的咪谷就這樣產生了，他們誰也說不清前一屆與新一屆咪谷在
者臺村是第幾任。但是，以這樣的方式在者臺村的新老咪谷交替
永遠沿續下去。新一屆咪谷產後於二〇〇五年二月二十七日正月
十九屬馬日為吉進行新老交替儀式。屆時新當選的咪谷以特製的
篾籮背二包糯米飯、一市斤酒前往老咪谷家祭獻祭祀用具後背回
到新一屆大咪谷家中；與此同時，老咪谷向新咪谷傳授祭祀程序
及祭詞。

以雞骨卦選舉咪谷

Choosing Migu with Chicken Bones

3　莫批分類與職能

「莫批」（moqpil）又稱「畢莫」（bilmoq），均為漢字音譯哈尼語，意為宗教智慧的老人。從他們所從事的宗教職能來看具有「巫師」和「祭師」雙重身份的人物，從他們所掌握的人類知識來看，是哈尼族社會中的智慧人物，享有較高的威望和地位。他們與上述的咪谷是屬於同一層次的社會身份人物，都是在神界與人界之間相互溝通傳遞信息的聖人，也是神靈的代言人。

哈尼族莫批按職能可分為三類。這三類莫批的名稱各地叫法不一。其中在紅河縣樂育鄉尼美、壩美、然仁一帶的叫法是「仰批」、「翁批」和「溝批」。[22]也可理解為上、中、下三種類型的意思。這三種莫批，都沒有完全脫離生產勞動，他們職責有明確的區分，各自行使自己的職能，互不干擾，具相對有獨立性，但他們又互為依存。

---

22 李期博：〈哈尼族原始宗教調查〉，《紅河民族語文古籍研究》1987年第1期（1987年）。

（1）仰批：有的地方叫「收批」、「批瑪」。主要職責是送老歸天，主持喪葬祭祀活動，也主持其它難度較大的祭祀活動，還能打卦問卜。他們是哈尼族宗教活動中威望最高的莫批。「仰批」都是師徒相承，多數屬父子相傳。

（2）翁批：有的叫「剎批」或「剎拖」。這種莫批沒有資格殺牛，不能主持喪葬等重大祭祀活動，但可以協助仰批。他們只能進行村社和家庭的各種公祭和私祭活動。諸如求神驅鬼叫魂，乞求神靈保祐山寨平安無事。「翁批」也是師徒相承，或父子相傳。

（3）溝批：可分為兩種情況，一種稱「尼瑪」，以中年女性居多。她們主要是看蛋卦、米卦等，為人問病。這種人只管看卦決疑，不能進行具體的祭祀活動。另一種稱為「擦批」或「尤批」，以中年男性居多。傳說這種人能通神。他們問病決疑，一定要晚上在病人的家中，在堂屋裏臨時搭建一張床，睡在床上演唱決疑，通宵達旦。「擦批」睡下之前，床邊要擺一張桌子，桌上放一斗大米，米上方一生雞蛋、一隻銀飾、一米白土布等。並要指定一個人做「擦批」的助手，事先他同「擦批」一起洗手腳。「擦批」進行法事的過程中，只有這個助手能和他通話。據說，「擦批」能及一個或兩個「豔莫阿瑪」的神靈。他睡下之後這個「豔莫阿瑪」就指引提示他能夠找到被丟失靈魂，傳達死者親人的意願。他能來往於人和鬼神之間，也能把人的願望傳達給死去的親人。

尼瑪和擦批都不是師徒傳承的。而是經過一場大病或突然發瘋，病癒之後，他們變成「與眾不同」能通成各種神靈的人。這種人一般不搞驅鬼等祭祀活動。但他能指明需要做什麼樣的祭祀活動，能達到驅鬼求神之目的。這類神職人員在元陽等地哈尼族不把他們列入莫批組織行列，他們屬於哈尼族宗教中的巫師，在凡人面前常以神秘的面目出現。

在哈尼族的宗教領域中,「仰批」、「翁批」和「溝批」實際上就是三個不同的等級。「仰批」是最高等級的莫批,他們掌握哈尼族宗教祭詞的全部或大部分。能主持最高等級葬禮活動和需要殺牛祭祀的大型宗教祭祀活動。「仰批」瞭解哈尼族社會歷史發展的脈絡,懂得豐富的本民族有形和無形的傳統文化知識,因而得到「翁批」和「溝批」的尊重和支持。尤其是「翁批」做祭祀活動時,還要借助「仰批」的威力來共同制服各種鬼怪。「翁批」為中等級莫批。他們所掌握的宗教祭詞和傳統文化知識,在「仰批」之下。只能做一些一般的祭祀活動。並且要請「仰批」來坐鎮,才能驅除或制服鬼怪。「溝批」為哈尼族種職人員中的最低等級,一般不能主持殺牲的祭祀活動,其職能範圍停留在原始巫術活動的層次上。打卦問卜是他們的主要職能,一般不能主持祭祀活動。[23]

4 咪谷與莫批的關係

咪谷和莫批在哈尼族祭祀活動中的角色和作用是有明顯區別的,他們在宗教領域內有嚴格的分工,不可越權。下面以二〇〇五年筆者在元陽縣箐口村的田野調查資料來闡述咪谷與莫批的關係。

箐口村位於元陽縣梯田文化核心區,座落在海拔一六〇〇左右的半山地帶,因歷史上處於原始老林箐溝邊而得名,距元陽縣老城區新街鎮六千米,交通便利,已開發成哈尼族民俗文化生態村。該村典型的民間組織就是咪谷組織和莫批組織,咪谷組織按上述條件選舉產生,共有六人,其中大咪谷一人,小咪谷五人,另指定二名「昂徒」(跑腿或助手)。莫批組織按不同家族喪禮活動的主持人分為二組,

---

23 李期博:〈哈尼族原始宗教調查〉,《紅河民族語文古籍研究》1987年第1期(1987年)。

每組五至七人，每一組有一人大莫批，他們是師徒傳承或父子傳承。
主持喪禮活動是莫批的主要職能；此外，莫批還有驅鬼避邪、保魂固
魂、行醫治病、指導農業生產、民族文化保存與傳承等功能。與咪谷
祭祀活動較為密切的莫批是該村大李氏家族大莫批李正林，具體分工
下文述及。

　　箐口村的咪谷主要主持村社的公祭活動。如昂瑪突（祭寨神）、
矻紮紮（祭磨秋）、普去突（祭山神）、祭地神、祭水井、封寨門等，
他們之間有具體的分工。

　　箐口村咪谷組織的第一層是大咪谷，名叫李沙熱（八十歲），他
的祖輩也是咪谷，祖輩沿襲到他已是第四代咪谷，是該村公祭活動的
主祭，他家裏飼養著一隻大紅公雞，象徵寨神的化身，前往神林地時
他要抱著大紅公雞走在行人隊伍的前面，祭祀時把公雞拴在神樹腳，
祭祀完又把公雞抱回家飼養，這只公雞永遠不能宰殺，即便雞瘟死了
也將其掩埋後立及增補一隻公雞飼養起來，否則視為不吉利。祭祀供
品由他來擺放，向寨神祈禱寨人平安無事、莊稼豐收、六畜興旺。

　　咪谷組織的第二層是小咪谷，其中常務小咪谷叫李慮生（五十四
歲），他父親曾經任過該村的大咪谷。他的職責是收拾祭祀用具、準
備供品，蹲在大咪谷旁邊隨時聽候使喚，並向大咪谷按順序傳遞祭桌
上的各種祭品。每次前往祭祀地點，他都緊隨大咪谷。尾隨大咪谷的
第三位小咪谷叫李正亮負責搬運給神靈座位的四棵篾凳和擺放供品用
的篾桌；尾隨大咪谷的第四位、第五位小咪谷叫李克樸和李約沙，他
們負責搬運村民向寨神祭獻的糯米粑粑，第五位咪谷李約沙還負責擊
鼓；尾隨第六位的小咪谷叫張春樸，負責搬運祭祀取水用的竹筒，並
負責敲擊鈸鑼。出發時敲擊鈸鼓是向寨人宣告咪谷組織前往祭祀地
點，村內該迴避的東西要收拾好；祭祀完後敲擊鈸鼓是向寨人宣告祭
祀完畢，咪谷們即將回寨。

　　咪谷組織的第三層人是「昂徒」，即跑腿或幫手。他們有二人，一般不通過選舉產生。他們倆的職責是每一次公祭活動前向一家一戶搜集財物，準備祭祀費用，並到集市上購買祭祀犧牲等雜活，他們倆不參與大小咪谷主持的具體祭祀活動。

　　箐口村正月舉行的祭火神和七月舉行的驅邪驅鬼以及昂瑪突前夕的叫寨魂等公祭活動是由咪谷組織與莫批李正林共同主持。但是莫批組織更多的是主持私祭活動，並進行有償服務，而上述的咪谷組織是義務性的無償服務。莫批主持一次喪禮，喪家宰殺的主犧牲，即牛的左邊九條排骨、親朋好友喪祭犧牲的頭和脖子以及喪祭的生米統統歸莫批所有。家庭或個人請莫批主持退鬼治病、驅邪、叫魂、保魂、固魂等儀式完之後必須付二十至五十元不等的人民幣作為莫批的謝意之禮。

　　哈尼族社會中咪谷和莫批都是人神之間的媒介人物，但從他們主持的形式和祈求的內容看，咪谷與神的交流是單向的，他們主持各種各樣公祭儀式，以貴重的牛、豬等犧牲向神靈祭獻，把村民對神靈的敬意和人間的願望通過他們傳遞給神，而神對村民的善惡態度是無法知曉。莫批與神的交流是雙向的，莫批通過占卜問卦、驅鬼治病、叫魂等儀式，將世間人的敬意、祈求的目的傳遞給神，又把神的意志和安排轉達給世間的人。由此，人們不惜耗費錢財，想方設法達到消災避難、除病求平安、延年增壽、為死者亡靈指路等舉行各式各樣儀禮而在所不惜。

　　咪谷和莫批在哈尼族社會中是兩種不同地位和作用的宗教人物，雖然有的村社咪谷與莫批集一身，甚至與政府任命的村長或組長集一身，比如，綠春縣平河鄉爬別村莫批李三貴就是當今哈尼族村社中集政教合一的典型案例。李三貴於一九二六年出生在哈尼族祖傳莫批世家，一九五六年就被推選為首任村長，在此之前已任該村的咪谷，一

九六二年他（三十六歲）舉行了傳統的哈尼族莫批承職儀式。他履職政教合一的村務管理一干就是四十年，直到一九九六年因年邁體弱才從村長的職位退下來，但咪谷一職仍然兼著。[24] 一般來說，大多數地區村社咪谷與莫批的職責是有明顯的區別：一是咪谷一職在哈尼族社會裏是崇高而神聖的職務，具有「皇」的象徵意義；而莫批是為了哈尼族社會保一方平安，從事招魂求安、驅鬼除魔、求神保祐使命的「軍隊」。二是咪谷為村社主持祭祀是不計報酬的義務服務，而莫批主持祭祀是有報酬的服務（個別偶而參與公祭活動外）；三是莫批大多主持私祭活動，而且主持頻率、形式和內容都比咪谷多。四是咪谷主持祭祀是定期舉行，而莫批主持祭祀大多是不定期的。

「咪谷」與「莫批」主持祭祀招寨魂儀式

Migu and Mopi Hosting Sacrificing Rite to Summon Village Spirits

---

24 李克忠：〈人與神的對話──「魔匹」李三貴的個寨考察〉，《哈尼族文化論叢・第一輯》（昆明市：雲南民族出版社2000年），頁173-179。

「莫批」看雞骨卦吉凶
Mopi Divining With Chicken Bones

（三）咪谷與莫批祭祀對生物多樣性的保護

　　由於自然宗教觀的核心思想是人與自然和諧，哈尼族咪谷與莫批通過以樹木為「神靈」標誌的祭祀活動來達到人與自然相處的目的，實質是哈尼族自然宗教文化對生物多樣性保護產生積極影響的具體表現。在哈尼族看來，村落環境不僅是有幾間房子，住幾戶人那麼簡單，千百年來，他們都生活於大山深處，長期與大自然共生共榮，和諧相處。村落是他們賴以生存繁衍的重要場所，村寨的安寧、穩定、和諧是他們追求的目標，為實現這一目標，對村落環境賦予許多豐富的生態文化內涵。他們把村落環境的寨神林、地神林、磨秋場、水井、阻鬼攔邪處的寨門樹、鎮埋污穢處、鎮火神處、獵神樹等等都以樹木為標誌的祭祀地點作為村落必備的設施。這些地點分佈於村寨周邊，以古老樹木為標誌，對村寨形成一道天然的綠色屏障，如同城市的一樣，對寨子起著護衛作用。圍繞這道綠色的「城牆」，哈尼族在一年之中以各類犧牲定期祭祀，祈求各類神靈盡心盡責地護衛村寨，

由此在人們的心靈中形成一道無形的精神安全防線，村民就能安居樂業，深刻反映了哈尼族咪谷和莫批祭祀重要意義，從而對環境保護及其生物多樣性產生深遠的影響。

就一個具體的村落而言，創建村落之時，村址的選擇必須考慮村落上方要有一座森林茂密的小山作為護寨神「昂瑪」棲息的神林。這是眾神棲息大森林的縮影，哈尼族每年農曆正月或二月根據村落選址確定之日為特定吉日（一般為屬龍日），對神林中某棵固定樹木作神樹，並以殺豬、雞祭祀。主持祭祀的「咪谷」及其助手雖然各地的稱呼和組成人員不一樣，但這一宗教職務是村寨精神生活及做人楷模的象徵。

在哈尼族看來，寨神林是哈尼族村寨的重要組成部分，它不僅是直觀地展現村寨重要的風景林，而且是村落環境中最為神聖之場所，人們在建村立寨之時，就選定並培植下來的。一般寨神林都選在村寨的上方，表示對神靈的尊崇。哈尼族之所以對寨神林那麼重視，寨神林是寨神的居所，寨神則是村寨的保護神。哈尼族認為寨子沒有寨神護祐，那麼村民飼養豬雞、牛馬等禽畜不會發展，不是得瘟疫，就是被豹子老虎咬死吃掉，或被老鷹叼走。生下的兒女也難於長大，反之，如果寨神盡心保護寨民，那麼村寨就會興盛，人丁繁茂，五穀豐收，六畜興旺。按照傳統的習慣，認為寨神林的樹木越多，長得越密越好。神林中要設一個主祭臺，這個祭臺必須以一棵高大標直，樹稍不能斷，而且能夠開花結果的樹木作標誌。哈尼族把村民稱之為寨神的「兒孫」，因而，每戶去一男性到神林參與祭祀活動，品嘗祭品，磕頭求平安。並且各戶都分一點祭祀犧牲豬肉帶回家中，讓每個家庭成員都嘗到祭祀寨神的豬肉，以求得神靈的保護，參祭人員進神林時，必須人人赤足，表示對寨神尊敬。按哈尼族的傳統習俗，寨神林是村寨中最神聖的地方，神林範圍內任何人不能去砍樹，枯乾的樹枝

或死亡的樹木，任其倒伏，腐爛，村民忌諱拿回家當燒柴或做其它用途。神林中不讓牛馬、豬羊等牲畜踐踏，更不得去隨便大小便，否則便是褻瀆神靈。

案例一　神林祭祀與生物多樣性

元陽縣小新街鄉者臺村的神林位於靠近村落上方（南面）的小山包上，面積約有三十畝，自建寨之日起是一年一度的神林祭祀場所。林中的一草一木按哈尼族宗教信仰理念受全體村民的保護。據村裏的老人回憶，一九五八年以前，神林及村寨周邊的風景林的大闊葉樹木有絲栗樹、麻栗樹、毛毛樹、野核桃、野櫻桃、野犁樹、水多瓜樹等，豺狗、豹子經常進入村寨襲擊家禽、家畜，大樹腳下、箐溝草叢中禽畜屍骨隨處可見。如今這一切成為昔日的神話。者臺村的神林雖然遭受多次破壞，但自一九七九年後，以宗教文化信仰保護了這片樹林，如今是一片四季青翠的森林，形成頂層為喬木或灌木、中層為草本、底層為地衣苔蘚的生物多樣性植物群落。

案例二　神林祭祀與生物多樣性

元陽縣新街鎮箐口村的神林主要有四座，即大神林、小神林、山神林和田壩神林。除了山神林分佈在距村西南面四千米處，其餘神林均分佈在村寨周邊，與周邊的風景林交錯分佈。大神林位於村寨西側，哈尼語稱「昂瑪昂叢」，面積約三畝，以石塊圍欄。據村民介紹，是建寨之日起保留下來的一片叢林，林中仍然具有植物群落結構：頂層是高大喬木，中層是小灌木，下層是草本，地面層是苔蘚類。在高大喬木中樹齡較高的有水多瓜樹、多依樹、黃心樹、野棠梨等，其中一棵高大的野棠梨樹腳安置一塊與地面平行的永久性石板祭臺，是每年農曆二月屬羊日殺豬、雞祭祀寨神的地點，屆時除了村民公推出來

的大小咪谷六人進入林中舉行祭獻儀式外，平時任何人很少入內，否則視為對寨神的不敬，會給全村帶來厄運。因此，全體村民都會自覺嚴守禁忌。為了識別神林中的樹種，我們邀請了村中的一位男性老者。由於生物學的知識有限，神林中不知學名的有許多樹種，甚至以當地漢語也叫不上名，我們只好以菁口哈尼語的叫法識別樹種。高大喬木中能以當地漢語識別的有野棠梨樹、多依樹、水多瓜樹、臭油果樹、麻栗樹、野柿子、野櫻桃、黃心樹、山樟樹、五眼果樹等。其它以哈尼語命的，如 hameilzaol、naoqnilzaol、daolsiqpeiq、siinavzaol、syunilzaol、husuq 等二十多種。現存活的高大喬木有一〇〇多棵。這片神林是村民們以宗教禁忌文化保護的重點對象，林中的枯枝落葉不作柴火，更不敢在林中隨意砍伐。但是，我們也發現林中的二棵喬木的樹皮被刮破，這種樹當地哈尼語稱其為 aqniuqmeiqnilzaol，意為「牛紅眼病樹」，據稱樹皮可治療牛紅眼病而得名。據村民介紹，二〇〇四年七月」矻紮紮」節時，更換秋梁的樹也來自神林中，這棵樹是由於樹根被菁溝水衝擊後自然倒下的一棵直徑約三十釐米的五眼果樹，按神林禁忌任其自然腐爛。但經咪谷及助手商量出於以下考慮：一方面這棵樹仍然用於村寨祭祀活動中，磨秋梁本身是殺牛祭祀的對象，而不是村民拿去作薪柴；另一方面為了減輕村民的祭祀費用負擔，充分利用資源，否則村民還要湊錢去購買另一棵樹作秋梁。這裏傳統禁忌文化與實際需要發生了一些微妙的變化。

在神林的北側相距一〇〇多米處又有一片叢林，稱小神林，面積約二畝，是祭祀大神林後第二天舉行祭祀活動的地點，永久性的石板祭臺安置在五眼果、臭油果樹腳下。儀式完畢，村民一家一戶準備一桌菜抬到此處就餐，其實質是邀請除惡英雄「昂瑪」寨神與民同樂。林中雖然保留下水多瓜樹、毛毛樹、五眼果樹等樹齡較大的喬木，但喬木種類和蔭蔽程度比起大神林少得多，林中豬雞禽畜也隨意出入。

二○○一年由於該村開展旅遊景點的需要，一條寬約四十釐米的石塊路面人行道穿過其間。現在林中人工栽培了一些金竹。

村寨東南也有一片叢林，夾雜在私人林中，是隔年舉行祭田壩神的祭祀地點，在農曆八月屬龍日舉行，時值田間稻穀開始轉黃，意義在於讓田神護祐稻穀豐收。叢林約一畝，林中雖有臭油果、野櫻桃、野棠梨、多依樹、毛毛樹等老樹，但種類少而稀疏，禽畜隨意出入，甚至附近農戶將此作「廁所」，失去了神林的神聖性。

祭祀火神的地點在村寨西北的五○○米處的「阿果等倮巴」菁溝中，有水東瓜樹、五眼果樹、野竹等少量分佈，周邊是玉米地和雜草叢。

祭山神的地點位於村西南四千米處的一座小山包叢林中，面積約四畝，其下方有層層梯田分佈。因此，這片神林實際上既是宗教活動地點，又是一片水源林，周邊也有許多私有林分佈。祭山神活動是在每年農曆三月屬虎日舉行。屆時由咪谷等六人進入林中殺豬、雞祭獻。林中有一棵直徑為一米多的喬木樹腳的一半已腐爛，但另一半仍活著，這曾經是古木參天原始森林的見證。現在存活的喬木樹齡都小，但植物群落結構仍然明顯：頂層喬木，中層草本植物，地面層苔蘚。樹冠陰蔽度密，地面陰暗潮濕，枯葉堆積層厚，地表為腐質土，草本茂盛，喬木樹杆上生長地衣、苔蘚、樹藤發達。林中樹種以麻栗樹、絲栗樹為主，神林的周邊生長一米多深的蕨類植物。

除了上述神林外，菁口村周邊還有私有林、風景林。私有林中的主要樹種是水多瓜樹、旱東瓜樹、五眼果樹、龍竹、金竹等。菁口村民對風景林仍有宗教祭祀活動。二○○四年五月十九日晚，村東南側的一棵直徑約一點五米的大柳樹，由於樹齡大而樹腳逐漸腐朽成空心被自然風吹倒。村民認為一棵守護村邊的大樹倒下，如同人老病死。因此，於六月三十日每戶村民平均集資一元錢、三兩大米，買來雞、

鴨作犧牲向大樹祭獻，並在其倒下的樹腳重新補栽一棵小柳樹，意為
大樹倒下，小樹跟上，守護村寨的風景林前仆後繼。兩年前，箐口村
磨秋場周邊的二棵大柳樹也由於樹齡老化而自然傾倒，也舉行了同樣
的祭祀活動。

第八章
哈尼族傳統生態倫理觀

　　哈尼族傳統倫理包含兩大類，一類是社會倫理或人為倫理，以規約人與人、人與社會的關係，另一類是生態倫理，以規約人與自然的關係。社會倫理和生態倫理構成的有機的倫理體系是哈尼族傳統信仰體系的重要組成部分，它不僅內化為一種個體的價值觀與行為方式，成為「精神家園的意識形態」，而且是一種全族性的普遍的生存方式和生活方式，成為一股強大的文明整合力量，最大限度地保障了哈尼族傳統社會的和諧（包括人與自然的和諧）。

一　人類與自然萬物「同源共祖」

　　我們先來審視幾則流傳至今的哈尼族創世神話傳說。

　　其一，《天、地、人的傳說》。該神話傳說講述道：相傳，遠古年代，世間只有茫茫一片霧在無聲無息地翻騰。不知過了多少年月，這霧變成極目無際的汪洋大海，從中生出一條看不清首尾的大魚。「那大魚把右鰭往上一甩，變成了天，把左鰭向下一甩，變成了地；把身子一擺，從脊背裏送出來了七對神和一對人種。」「再說從大魚脊背裏出來的那對人種，男的叫直塔，女的叫塔婆，他們從大魚脊背裏出來不久，塔婆便渾身上下懷孕，生下了二十一個娃娃。這二十一個娃娃，老大是虎，老二是鷹，老三是龍，剩下的九對是人。……」[1]

---

[1] 《哈尼族民間故事》編輯組：《哈尼族民間故事》（昆明市：雲南人民出版社，1984年），頁1。

其二,《畢蝶・凱蝶・則蝶》。這是元陽縣黃草嶺鄉樹皮寨老歌手楊批鬥演唱、史軍超先生存留的創世歌謠,其內容與上一則神話相似,但二十一種種族的母親變成了依貝。茲摘錄於下:

薩——啊咿——薩!
世上的種族不生嘛也要生了!
世上的種族不出嘛也要出了!
親親的兄弟姐妹,
世上有了一個生二十一種族的母親啊!
世上生二十一種種族的母親叫依貝啊!
依貝先生的是老鷹,
……
後生出來的是老虎,
……
後生出來的是龍,
……
瑤家生在(依貝的)頭髮邊,
學著樹倒的聲音說話;
彝族生在半腰上,
分住半坡梁子邊;
……
哈尼生在肚臍上,
在的地方很熱和,
……
漢人生在指縫間,

手指一動會寫字就得吃。[2]

其三,《神和人的家譜》。這則神話說:傳說在三層高天上,有一座大神們居住的煙羅神殿,神殿中央放著一把金椅,上面坐著最高最大的天神俄瑪,「她是生下一切神和人的阿媽,天上地下的萬事萬物也是她生出來的。」天神俄瑪生下一位高能的姑娘,名字叫「阿匹梅煙」,她是萬能的女神,是萬能的大王,這是第一代神王。天神俄瑪又生下人神瑪窩,開了哈尼家譜的頭。之後代代相傳。到了第十六代的先祖,名叫「梅煙恰」,是「老實會生會養的先祖」。「高能的先祖梅煙恰生著天地一樣廣大的肚子,她不單是人的祖,還是三種野物的先祖,人和野物就是從她分起的啦。她生下了四個妹妹,大姐是人祖恰乞形,二姐是所有會跑的野物的祖先憂哈,三姐是所有會爬的野物的祖先憂本,四姐是所有會飛的野物的祖先憂貝。」[3]《哈尼族古歌》也有幾乎一致的傳說[4]。

其四,《俄八美八》。這則神話傳說講:洪水過後,只有者見和阿妮兩兄妹躲進大葫蘆裏而幸免於難。為了使人類不致絕種,兄妹倆結成夫妻。「又過了一些時候,妹妹生孩子了。全身上下,兩手兩腳連指頭,都生下了孩子。據說就是今天各個民族的祖先。只有肚子裏生下來的不是人,卻是一個肉團團。兄妹倆一見,又是生氣又是害怕,拿刀來砍,把個肉團團剁成了碎末末,他們剁的剁,撒的撒,撒向四面八方。想不到,那些肉末末一下子都變成了數不清的飛禽、走獸和

2　轉引自史軍超:《哈尼族文學史》(昆明市:雲南民族出版社,1998年),頁99-101。

3　雲南省民間文學集成辦公室編:《哈尼族神話傳說集成》(北京市:中國民間文藝出版社,1990年),頁7-14。

4　西雙版納傣族自治州民族事務委員會編:《哈尼族古歌》(昆明市:雲南民族出版社,1992年),頁33。

花草、樹木。從此，天地間才又有了萬物，才又充滿生機。」[5]

「一部作品之不朽，並不是因為它把一種意義強加給不同的人，而是因為它向一個人暗示了不同的意義。」[6]同樣的道理，上引神話傳說之所以在哈尼族中代代相傳，流傳至今，成為「不朽之作品」，就是因為它向人們暗示了「多重意義」。這些多重意義的組合，構成了民族特有的文化密碼。以往，人們通常從宗教學、神話學、哲學、文學等角度去破譯和解讀這些文化密碼，揭示其蘊含的意義，得出相應的結論。然而，其所蘊含的多重意義並未揭示殆盡，甚至可以說，一些重要的意義仍未被揭示出來。如果我們將這些神話傳說放在當下的文化語境中，用生態倫理的視角去審視，就會發現，這些「保存關於過去的回憶的寶庫」[7]的神話傳說蘊含著一種樸素而深邃的生態倫理觀，其核心便是人類與自然萬物（主要指動物、植物）「同源共祖」。

儘管各個神話傳說中的「共祖」各有不同，或為塔婆，或為依貝，或為梅煙恰，或為阿妮，但有一點卻是驚人的一致：人與自然萬物（動物、植物）有一個共同的本源和始祖，「都是同宗同族的兄弟姐妹，相互之間存在著密不可分的血緣關係。」[8]

哈尼族這種人與自然萬物同源共祖的觀念潛藏著非凡的生態智慧。這可從以下三方面去透視。

---

5 谷德明編：《中國少數民族神話》（上）（北京市：中國民間文藝出版社，1987年），頁334-336。

6 安‧傑弗遜、大衛‧羅比等著：《西方現代文學理論概述與比較》（長沙市：湖南文藝出版社，1986年），頁101。

7 保爾‧拉法格：〈宗教和資本〉，轉引自王東昕、鄒華從〈《阿細的先基》看人類早期的婚性問題〉，《雲南民族學院學報》1998年第3期（1998年）。

8 盧文靜：〈論哈尼族均衡心理〉，載《首屆哈尼族文化國際學術討論會論文集》（昆明市：雲南民族出版社1996年），頁108。

　　其一，它與華夏文化中的「天人合一」觀有異曲同工之妙。季羨林先生曾說：「東方哲學思想的基本點是『天人一』。什麼叫『天』？中國哲學史上解釋很多。我個人認為，『天』就是大自然，而『人』就是人類。天人合一就是人與大自然的合一。」[9]方克立先生也論述道：「在中國哲學中占主導地位的是『天人合一』、『民胞物與』、『性天相通』、『輔相參贊』等觀念，人與自然不是一種疏離以至對立的關係，而是息息相關、相互依存、內在統一不可分離的關係。『天人合一』與『主客二分』、『天人對立』是中西哲學觀念的基本差別之一。」「『天人合一』是中國哲學的最高生態智慧，或者說是中國古代生態思想的哲學基礎。」[10]哈尼族中人與自然萬物「同源共祖」的觀念實質上就是一種「天人合一」觀，即人來自大自然，是自然界的一部分，人與自然是不可分割的統一體。

　　其二，它符合馬克思主義的自然觀。恩格斯強調人類「自身和自然界的一致」，反對「那種把精神和物質、人類和自然、靈魂和肉體對立起來的荒謬的、反自然的觀點」，指出：「我們連同我們的肉、血和頭腦都是屬於自然界、存在於自然界的。」[11]

　　其三，它與當代風靡全球的生態倫理觀有相通之處。生態倫理學的重要代表人物霍爾姆斯・羅爾斯頓（Holmes Rolston）就認為，人類和原野不只是資源關係，而首先應該是根源關係。人類不應該把人與自然的關係片面地限定在資源關係之中。按照人與自然的根源關係，人類應該歸屬於自然，並且自覺地把自己的地位限定在與自然的

9　季羨林：〈「天人合一」方能拯救人類〉，《東方》1993年創刊號（1993年）。

10　方克立：〈「天人合一」與中國古代的生態智慧〉，《當代思潮》2003年第4期（2003年）。

11　恩格斯：《自然辯證法》（北京市：人民出版社，1971年），頁159。

關係之中[12]。哈尼族中人與自然萬物「同源共祖」觀念，其實就是從本體論意義上確認了人類與自然萬物具有生命起源的同一性和生命本質的同一性。

在作為哈尼族歷史記憶的神話傳說中所深藏著的人類與自然萬物「同源共祖」的生態倫理觀，儘管被虛幻和神奇的重重迷霧所包裹，卻仍然強烈地閃耀著質樸的科學理性之光。這種科學理性之光中有兩道亙古永存的、穿越時空的光束。

其一，人類是動物家族中的一員。人類本是動物中的一分子，人與其它動物在起源、形態和能力等方面有密切的聯繫。「起源上，人是動物界的一種，與高等靈長類是近親。形態上，人去於禽獸幾稀，或僅有程度上的差別。我們的身體特質，動物多少都有，大猿更多。黑猩猩和大猩猩的蛋白質結構和 DNA 順序，百分之九十八至百分之九十九與我們相同。我們也不是惟一雙足行走的動物，鳥類如企鵝也是。能力上，我們能做的動作其它動物多少也能做。」[13]人類與動物的關係問題是人類文明史上一個古老而鮮活的命題，古人在苦思，今人也在冥想。一般而言，在人類文明誕生之初，囿於自身生存能力和群體力量的弱小，人類普遍地帶著一種敬畏的心理和平等的目光來平視我們的同類——動物。隨著技術的進步、婪欲的膨脹，人類逐漸在自然界中迷失自我，自視為「萬物之靈」，開始用一種俯視的目光來看待動物同類，將它們視為可以隨意征服、主宰和殺戮的對象。生活於現代文明中的現代人，更是羞與動物為伍，恥談「我」就是動物。這種有意識或無意識地將「動物」視為異己的觀念，本質上是人類中心主義文化觀的一種表現，犯下了最基本的邏輯錯誤，亦有悖於科學理性。在哈尼族神話中，人類與動物是「同根生」的兄弟姐妹。在

12 余正榮：《生態智慧論》（北京市：中國社會科學出版社，1996年），頁129。
13 莊孔韶主編：《人類學通論》（太原市：山西教育出版社，2003年），頁88。

《天、地、人的傳說》和《畢蝶、凱蝶、則蝶》中，人類與虎、鷹、龍是同胞兄妹；在《神和人的家譜》中，人類與「會跑的野物」、「會爬的野物」、「會飛的野物」是親姐妹；在《俄八美八》中，人類與飛禽、走獸為同一母親所生。從中折射出的「人類是動物家族中的一員」的科學之光無疑是可以照亮許多自認為掌握了現代科學的現代人的心靈的。

其二，人類與植物有血緣關係。從廣義上講，「所有生命的能量來自太陽，太陽能量穿過綠葉，傳遞給了植物體內，植物再傳遞給人體，才延續了人類的綿延。地球上的植物細胞，每年為大氣補充幾百億噸的氧氣，消耗大氣中幾百億噸的二氧化碳，維繫大氣的新陳代謝平衡，維繫人類生存，所以人與植物有血緣關係」[14]。哈尼族《俄八美八》神話中講述的人類與花草樹木同源共祖的關係，正是從根本上揭示出人類與植物間的血緣關係。

傳統的哈尼族社會是一個無文字的社會。在這樣的社會中，民族的歷史和文化是以口耳相傳的形式得以傳承的，而傳承的重要載體之一就是各種各樣的神話傳說。在「前喻文化」[15]時代，這些神話傳說中所蘊含的人與自然萬物同源共祖、平等親善的觀念也與神話傳說本身一道被傳承下來，既可能被規約為古規祖訓或習慣法，進入制度文化層面；也可能積澱為一種「集體無意識」，形塑一種人與自然和諧共生共存的基本價值取向，從而對哈尼族的生態倫理觀產生潛移默化的、持久而重大的影響。

14　《雲南政協報》2005年7月6日。

15　美國著名人類學家米德將整個人類的文化劃分為三種基本類型：前喻文化、并喻文化和後喻文化。「前喻文化，是指晚輩主要向長輩學習；並喻文化，是指晚輩和長輩的學習都發生在同輩人之間；而後喻文化，則是指長輩反過來向晚輩學習。」（瑪格麗特‧米德著，周曉虹、周怡譯：《文化與承諾》（石家莊市：河北人民出版社，1987年），頁27。）

二 自然萬物皆親人

　　如上所述，在哈尼族的傳統觀念中，人類與自然萬物「同源共祖」，因而從未視自然萬物為異己之物、對立之物，而是視之為自己的親人和夥伴。正是在這種人與自然萬物「同源共祖」的文化整體觀的指導下，哈尼族用人類社會中形成的親屬稱謂制度來規範和統攝人與自然之間的親緣關係，使這種親緣關係具體化和明晰化。

　　作為山地民族，哈尼族對大山懷有一份特有的依戀。這種猶如兒女之於父母的依戀從文明發端之時便深植於哈尼人心中：

> 遠古的先祖住在老林，
> 遠古的哈尼歌在岩洞，
> 老林是親親的阿媽，
> 日日送給先祖吃食，
> 岩洞是親親的阿匹，
> 把哈尼護在洞中。[16]

　　就是說，在哈尼尚處於「穴居」時代時，是洞穴給了哈尼庇護之所，是森林給了哈尼食物之源，因此稱森林為「親親的阿媽」，稱岩洞為「親親的阿匹」。

　　隋唐之後，哈尼族經歷了「由刀耕火種旱地旱稻、雜糧栽培文化向山地梯田稻作文化的轉型」[17]，在紅河流域的哀牢山區創造了舉世

---

16 西雙版納傣族自治州民族事務委員會編：《哈尼族古歌》（昆明市：雲南民族出版社，1992年），頁90。

17 李子賢：〈水──生命與文化之源──論紅河流域哈尼族神話與梯田稻作文化〉，載《首屆哈尼族文化國際學術討論會論文集》（昆明市：雲南民族出版社，1996年），頁13。

聞名的梯田文化。對於這片養育了一代又一代哈尼人的大山，哈尼人「有著千言萬語和永遠表達不完的情懷」[18]。

　　安寨定居是關乎種族生存和繁衍的大事。哀牢山區哈尼族有句俗話：「要種田在山下，要生娃娃在山腰。」建寨於山腰的習俗與哈尼族苦難的遷徙歷史相關聯。在一次次與異族爭奪平壩的戰爭中，哈尼族均不得不因戰敗而背井離鄉，踏上漫漫遷徙之途，最終還是山高林密的哀牢山敞開胸懷接納了自己。因而哈尼族由衷地稱讚自己安寨定居的大山深處的「凹塘」為「親親的爹娘」：

> 從前哈尼愛找平壩，
> 平壩給哈尼帶來悲傷，
> 哈尼再不找壩子了，
> 要找厚厚的老林高高的山場；
> 山高林密的凹塘，
> 是哈尼親親的爹娘。[19]

在《哈尼族古歌》中，哈尼又讚頌大山「像阿媽的胸脯」：

> 哈尼的寨子在哪裏？
> 在駿馬一樣的高山上；
> 哈尼的寨子像什麼？
> 像馬尾奔在大山下方。

---

18 王清華：《梯田文化論——哈尼族的生態農業》（昆明市：雲南大學出版社，1999年），頁306。

19 雲南省少數民族古籍整理出版規劃辦公室編：《哈尼阿培聰坡坡》（昆明市：雲南民族出版社，1986年），頁197-198。

　　大山像阿媽的胸脯，
　　把寨子圍護在凹塘。[20]

　　水被稱為哈尼族的「生命與文化之源」[21]，哈尼族「將水文化創造性地移植到高山上」[22]，創造了梯田稻作文化。因此哈尼族將水視為命根子，稱之為「親親的水娘」：

　　草籽和水最親近。
　　喝過水的草籽是哪樣？
　　就是金閃閃的穀子。
　　從此啊，
　　哈尼再也離不開水了，
　　水像哈尼的阿媽一樣親！

　　是呢，
　　先祖的後輩兒孫，
　　水成了哈尼的命；
　　快用雙手扒開山岩中的枯葉，
　　快用雙腳蹬開崖腳的亂石，

---

20 西雙版納傣族自治州民族事務委員會編：《哈尼族古歌》（昆明市：雲南民族出版社，1992年），頁133。

21 李子賢：〈水——生命與文化之源——論紅河流域哈尼族神話與梯田稻作文化〉，載《首屆哈尼族文化國際學術討論會論文集》（昆明市：雲南民族出版社，1996年），頁12。

22 李子賢：〈水——生命與文化之源——論紅河流域哈尼族神話與梯田稻作文化〉，載《首屆哈尼族文化國際學術討論會論文集》（昆明市：雲南民族出版社，1996年），頁25。

快去把封住水口的石頭搬開啊，

快把親親的水娘領出來啊！

……

來啦，

牽著牛的哈尼來了，

拉著豬的哈尼來了，

背著雞的哈尼來了，

吆著狗的哈尼來了；

先祖來引水了，

先祖來合群了，

親親的水娘啊

把世上哈尼團得老實緊。[23]

　　哈尼族認為「梯田像人一樣是有生命的，有靈魂，有感情的，因此他們對待梯田猶如對待人一樣。」[24]在《哈尼阿培聰坡坡》中，稱大田（梯田）為「獨兒子」、「獨姑娘」，大田稱為「寶貝」：

大田是哈尼的獨兒子，

大田是哈尼的獨姑娘。[25]

哈尼走到天涯海角，

23　西雙版納傣族自治州民族事務委員會編：《哈尼族古歌》（昆明市：雲南民族出版社，1992年），頁102。

24　王清華：《梯田文化論──哈尼族的生態農業》（昆明市：雲南大學出版社，1999年），頁291。

25　雲南省少數民族古籍整理出版規劃辦公室編：《哈尼阿培聰坡坡》（昆明市：雲南民族出版社，1986年），頁29。

不忘發家的寶貝是大田。[26]

在哈尼族的心中，莊稼、人類和牲畜（耕牛）三者間相互依存，情同手足：「莊稼是長子，人是二兒子，牲畜（指牛）是小兒子。」[27] 哈尼稱豬、狗為「兄弟」：

先祖叫來兩個兄弟，
一個是豬，
一個是狗，
叫他們做挖田的事情。[28]

火的發明是人類文明史上一件具有劃時代意義的偉大成就。「就世界性的解放作用而言，摩擦生火還是超過了蒸汽機，因為摩擦生火第一次使人支配了一種自然力，從而最終把人和動物界分開。」[29]哈尼族對此有深切認識，稱火為「親親的火娘」：

哈尼沒有火，
熟食不得吃，
火地不得種，
身子不會熱，

26 雲南省少數民族古籍整理出版規劃辦公室編：《哈尼阿培聰坡坡》（昆明市：雲南民族出版社，1986年），頁29。
27 轉引自王爾松：〈哈尼族梯田文化與現代化建設〉，載《中國哈尼學》第二輯（北京市：民族出版社，2002年），頁14。
28 西雙版納傣族自治州民族事務委員會編：《哈尼族古歌》（昆明市：雲南民族出版社，1992年），頁104。
29 恩格斯：《反杜林論》，頁112。

眼睛不會亮。

世世代代的哈尼，

一下也離不開火，

先祖把紅紅的火，

叫做親親的火娘。[30]

遷徙史詩《哈尼阿培聰坡坡》也唱道：

有了「火娘」和房屋，

先祖找著落腳的地方，

老人嗨嗨地笑了，

娃娃爬滿草房。

你見我也喜歡，

我見你也高興，

一個見著一個會招呼，

一個遇著一個會禮讓。[31]

　　以上敘述遠未涵蓋哈尼族對自然大家庭成員的所有稱謂，但我們結闔第一部分中的幾則神話傳說，仍可以勾勒出一幅較為簡單的「哈尼族『自然大家庭親緣關係圖』」：

---

30 西雙版納傣族自治州民族事務委員會編：《哈尼族古歌》（昆明市：雲南民族出版社，1992年），頁81。

31 雲南省少數民族古籍整理出版規劃辦公室編：《哈尼阿培聰坡坡》（昆明市：雲南民族出版社，1986年），頁10-11。

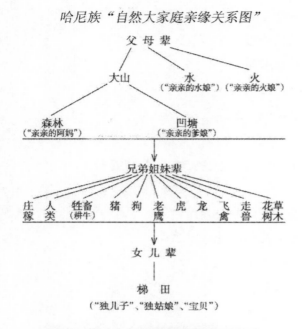

哈尼族「自然大家庭親緣關係圖」

哈尼族「自然大家庭親緣關係圖」

Close Relationship Between Hani People and the Nature

　　人類社會中的家族親屬稱謂是一種基於血親、姻親的客觀存在，並被限定在特定的時空之中。而上述哈尼族「自然大家庭親緣關係圖」則超越了時空的限制，並不是一種客觀、真實的存在，而是該族人民基於對人與自然關係的理解進行的文化建構。建構者並不是特定時間的特定人，而是世世代代的哈尼族，也就是說，這些在傳說中的親屬稱謂不是哈尼族某位元先賢所做的系統的、學理化的總結，而是世世代代哈尼族的集體創造，「它們經歷了一個豐富、添加、黏附的過程」[32]，並且作為哈尼族的集體記憶通過口耳相傳的方式代代相

---

32 轉用趙世瑜語，見趙世瑜：《小歷史與大歷史：區域社會史的理念、方法與實踐》（北京市：三聯書店，2006年），頁123-124。

傳。上述「自然大家庭親屬稱謂表」是作為「他者」的筆者依據《哈尼族古歌》、《哈尼阿培聰坡坡》等口述資料所作的粗略概括和勾勒。因此，如果用科學的思維和標準去審視，這一親緣關係圖既不嚴密，也不盡科學。如從科學的隸屬關係看，「兄弟姐妹輩」的「莊稼」應成為「孫子輩」，即有了梯田才有莊稼的生長。然而，這絲毫無法掩蓋其中蘊含的科學理性的光芒和卓越的生態智慧。

森林孕育了人類，也孕育了人類的文明。水是生命之源、智慧之源。火在人類進化史上扮演了重要角色。這幾種被哈尼族列為父母輩的自然物，對哈尼族文明的產生、演化和傳承產生了持久的、重大的影響。森林、水又是生態要素，是維繫自然生態系統的穩定與平衡的重要力量。將森林、水、火列為父母，主要表現出的是一種對自然的敬畏、崇拜的心理。被哈尼族列為兄弟姐妹輩的則是動物（包括牲畜、豬、狗、老鷹、虎等）和植物（花草樹木），主要表現人類與動物、植物間基於「同源共祖」理念而形成的親如兄弟姐妹的親密合作關係。哈尼族將梯田列為兒女輩的「獨兒子」、「獨姑娘」，其實是隱喻了哈尼族創造梯田這一偉大壯舉，猶如父母生下孩子。「獨」更彰顯出哈尼族對梯田的鍾愛及對自己這一偉大創造的自豪感。這三個層次的劃分，似乎可以作這樣一種解讀：在以森林、水為核心的自然母親的懷抱裏，人類借助火這種強大的自然力，與動物、植物兄弟通力合作，創造了人類文明——梯田。因而總體上是符合現代科學所揭示的地球生命演化和人類文明誕生的歷程的。

從上述稱謂表中，我們可以一目了然地看到人類在自然大家庭中所處的位置。在人與自然萬物「同源共祖」的觀念體系中，哈尼族心中從未視自然為異己之物、對立之物，而是視之為人類存在的母體和家園；從未視自己為萬物的主宰，人與自然之間的關係從來就不是征服與被征服、統治與被統治的關係，而是「一家人」的關係。哈尼族

視自己為「自然之子」，謙卑而恰當地存活於天地間。對此，有研究者曾這樣論述道：

> 在哈尼人的心目中，人與自然物、超自然物是均衡存在的。「人」在這個世界上絕對不是惟一的主人，也絕對不享有任何統治自身生存環境——地球、天空的任何特權，也永遠不會有統治它們的力量或能力。人們惟一能夠做到的，就是與宇宙間的萬事萬物和平共處，互相依存，共同繁衍。[33]

現代生態倫理學的奠基人、美國生態學家萊奧波爾德（Aldo leopold）首次提倡人類要和自然建立夥伴關係模式，以取代把自然當成征服和統治對象的傳統關係模式。他指出：「大地倫理學改變人類的地位，從他是大地—社會的征服者轉變到他是其中的普通一員和公民。」包括人類在內的所有生命物種，都是大地共同體的孩子，都是同一自然大家庭中的成員。人類在大地共同體中，與其它生物處於一種平等的地位，並不高於任何物種。人類沒有理由把自己看成是可以征服和統治自然的主宰[34]。

事實上，哈尼族從古以來世世代代都是這樣想的，也是這樣做的，如同太陽每天要從東方升起，是自然而然、天經地義和順理成章的。

中國著名人類學家黃淑娉指出：「親屬制度不僅是一種稱謂，而且體現了人們之間的相互關係，體現了團體內人們相互承擔的義務，『這些義務的總和便構成了這些民族的社會制度的實質部分』。」她

---

33 盧文靜：〈論哈尼族均衡心理〉，載《首屆哈尼族文化國際學術討論會論文集》（昆明市：雲南民族出版社，1996年），頁108。

34 詳見余正榮：《生態智慧論》（北京市：中國社會科學出版社，1996年），頁44-46。

贊成列維—斯特勞斯提出的親屬制度由稱謂制度和態度體系組成的看法，將人們的相互關係、所承擔的義務歸為行為態度，認為：「行為態度對稱謂制度是一種補充的關係，是從屬的附加物。」[35] 她論述的是人類社會的親屬制度，但同樣適合存在於哈尼族觀念中的「自然大家庭親屬制度」。也就是說，這不僅是一種稱謂，而且包括「態度體系」，體現了人與自然之間的相互關係，規約了人與自然各自的權利和義務，潛藏著更多的生態倫理觀念，包括對自然感恩、以自然為師、與自然簽約、推及自然的善惡觀等等。

　　需要指出的是，在哈尼族豐富的口述資料中，充斥著大量將自然擬人化和人格化的描述，如在《哈尼族古歌》中，把梯田比作「小夥子」、「姑爺」，把秧苗比作「姑娘」，把穀種比作「金谷娘」，[36] 把水牛比喻為「獨兒子」：

> 獨兒子一樣寶貴的水牛啊，
> 知道哈尼的心情，
> 在一塊田裏走十轉也不厭煩。[37]

　　這些擬人化的稱謂並非自然大家庭的親屬稱謂，而是基於想像、情感等所作的文學創作，如將秧苗栽到大田（梯田）中，猶如姑娘嫁給小夥子：

---

35 黃淑娉、龔佩華：《文化人類學理論方法研究》（廣州市：廣東高等教育出版社，2004年），頁268-271。

36 詳見西雙版納傣族自治州民族事務委員會編：《哈尼族古歌》（昆明市：雲南民族出版社，1992年），頁342、452、467。

37 西雙版納傣族自治州民族事務委員會編：《哈尼族古歌》（昆明市：雲南民族出版社，1992年），頁342。

　　秧姑娘不嫁到大田，

　　一輩子找不到她的伴。[38]

　　正是在一個特定的語境中，才稱秧苗為「姑娘」、大田（梯田）為「夥子」，並非自然大家庭中的排序。至於稱水牛如「獨兒子一樣寶貴」，則反映了哈尼族對水牛的珍愛之情。哈尼族將自然擬人化和人格化，同樣反映了該族親和自然、以自然為友的生態倫理觀。

三　以自然為師

　　大自然是神奇而偉大的。作為自然大家庭重要成員的動植物，在漫長的進化過程中，各自形成了一套適者生存、與自然協同發展的生存法則。這些獨特的生存法則既順乎自然，又充滿智慧，是人類取之不盡、用之不竭的智慧之源。古今中外許多重大發明不無是在大自然的啟迪下誕生的。飛機的出現無疑來自對飛禽鳥類的直接模仿，船和潛艇也來自人類對魚類和海豚的模仿……。從這個意義上講，保護生物多樣性，就是保護人類文化的多樣性，保護人類文明的源頭活水。

　　如前所述，在哈尼族的觀念中，世間的各種動物與哈尼族「同源共祖」，「它們是先祖熱鬧的伴，和先祖是一個祖宗」[39]，是同一自然大家庭中的親人和夥伴，因而哈民族從未自視為「萬物之靈」，從不認為自己無所不能，而是深刻地認識到自己心智和體能的局限，以一種平等的、平和的、謙虛的心態，拜自然大家庭中的動植物兄弟為

---

38 見西雙版納傣族自治州民族事務委員會編：《哈尼族古歌》（昆明市：雲南民族出版社，1992年），頁452。

39 西雙版納傣族自治州民族事務委員會編：《哈尼族古歌》（昆明市：雲南民族出版社，1992年），頁90。

師，從自然界感悟和學習生存之道，獲取創造發明的靈感，從而開啟了哈尼族的「文明之幕」。

　　衣、食、住、行關於人類生存繁衍和文化傳承，是人類最重要的需求——生存需求。人類早期重大的物質文化創造幾乎都是圍繞這四個方面漸次展開的。哈尼族當然也不例外。不過，與有的民族不同的是，哈尼族並未將功勞全部歸於自己，而是承認自己「以自然為師」，承認自然大家庭其它成員的功勞。

　　先看「衣」。哈尼族古歌《雪紫查勒》（採集狩獵）講，他們的先祖最先是不穿衣裳的，後來認穿山甲為「師傅」，才學會穿衣裳：

> 先祖睡覺沒有被蓋，
> 白日上山也不穿衣裳；
> 望見過路的穿山甲，
> 先祖趕緊去問：
> 「親親的阿尼[40]，
> 你一身甲殼老實亮，
> 冷天不怕冷，
> 熱天不怕熱，
> 借給阿哥來用用！」
> 穿山甲說：
> 「借嘛不會借，
> 我來教你縫！」
> 先祖尾著穿山甲，
> 擗回尖尖的硬刺；

---

40 阿尼：哈尼語，意為「兄弟」，此指師傅。

串起大片的樹葉，

大串大串掛身上；

這件衣裳真是好，

熱天抖開會涼快，

冷天縮起遮冷風。[41]

後來，哈尼族又模仿蜘蛛學會了織布：

蜘蛛是織布的先者

蜘蛛爬出樹洞

把樹株和草棵當織架

多少年前的阿火明農

模仿蜘蛛學會了織布。[42]

其次看「食」。在採集狩獵時代，森林中可食用的果實、野菜是重要的食物來源之一。尋找可食性植物的過程充滿艱辛，甚至會因誤食有毒食物而付出生命的代價，哈尼族古歌《雪紫查勒》（採集狩獵）就講：哈尼先祖因認不得哪些樹果吃得、哪些樹果吃不得，結果「早上吃死七個姊妹，晚上吃死七個弟兄」[43]。但哈尼族是個善於觀察、善於學習的民族，向飛虎、天鵝學習採集可食性植物的本領：

---

41 西雙版納傣族自治州民族事務委員會編：《哈尼族古歌》（昆明市：雲南民族出版社，1992年），頁91-92。

42 李勇等編：《西雙版納哈尼族歌謠》（昆明市：雲南少年兒童出版社，1989年），頁169。

43 西雙版納傣族自治州民族事務委員會編：《哈尼族古歌》（昆明市：雲南民族出版社，1992年），頁92。

教人吃樹果的有一個，
就是綠眼睛的飛虎。
人和飛虎結成伴，
天天出去摘樹果，
滿山樹果不敢吃，
肚子扁得像樹葉，
飛虎吃得肚子撐，
回去路上走不動。
先祖問：
「飛虎阿尼，
你是吃什麼，
撐成這個樣？」
飛虎說出七十七樣果：
圓的紅的是吃得，
尖的綠的吃不得，
滑的甜的是吃得，
癩的苦的吃不得，
先祖學著了，
肚子也撐了。
……

教先祖吃水菜的有一個，
就是毛衣白白的天鵝。
先祖和天鵝去找菜。
嫩汪汪的水菜望不著邊，
先祖會望不會吃，
趕緊來把天鵝問：

「親親的阿尼，
你吃得這樣胖，
嘴巴也吃成扁嘴，
是吃哪樣呢？」
天鵝說出十七樣：
綠的亮的是吃得，
黃的灰的吃不得，
嫩的鮮的是吃得，
老的枯的吃不得，
先祖會吃了，
吃得身子重。[44]

　　《哈尼阿培聰坡坡》則說，哈尼先祖「看見猴子摘果，他們學著摘來吃，看見竹鼠刨筍，他們跟著刨來嘗」[45]。

　　再看「住」。哈尼族古歌《雪紫查勒》（採集狩獵）講，哈尼先祖原住於山洞，過著穴居生活，後來認鳥雀為師傅，學會了蓋「蝦雀」：

山洞不夠在，
就去問鳥雀：
「阿尼，
你有七個小娃，
住處只有一個，

44 西雙版納傣族自治州民族事務委員會編：《哈尼族古歌》（昆明市：雲南民族出版社，1992年），頁92-93。

45 雲南省少數民族古籍整理出版規劃辦公室編：《哈尼阿培聰坡坡》（昆明市：雲南民族出版社，1986年），頁9。

在不下的孫兒孫女，

哪裏去躲雨躲風？」

鳥雀說：

「不怕，阿尼，

再有七十七個子孫，

我也會搭七十七個在處！」

先祖尾著雀鳥，

在樹枝上蓋成「蝦雀」[46]；

先祖的「蝦雀」頭尖底圓，

中間開個進出的洞。[47]

哈尼族遷徙史詩《哈尼阿培聰坡坡》則說是喜鵲教會人類建房：

哈尼先祖生養下了大群兒孫，

石洞不能再當容身的地方。

看見喜鵲喳喳地笑著做窩，

先祖也搭起圓圓的鳥窩房，

鳥窩房搭上樹杈，

冷天暖和熱天蔭涼，

圓圓的房子開著圓圓的門，

堵起大門不怕虎狼。[48]

---

46 蝦雀：窩棚。

47 西雙版納傣族自治州民族事務委員會編：《哈尼族古歌》（昆明市：雲南民族出版社，1992年），頁91。

48 雲南省少數民族古籍整理出版規劃辦公室編：《哈尼阿培聰坡坡》（昆明市：雲南民族出版社，1986年），頁10。

至於「行」，尚未找到相關傳說，容待後補。

哈尼族認為，天生在屬鼠的日子裏，因為在十二屬相裏，鼠是最大的一個[49]。為何這樣認為呢？哈尼族古歌《湘窩本》（開田種穀）講：哈尼先祖最先過著採集狩獵的生活，常常食不裹腹、飢餓難當。後來向老鼠學會了栽種：

> 先祖趕緊去瞧，
> 看見老鼠打地洞，
> 打出的洞裏掉進草籽，
> 後腳蹬蹬又埋起來；
> 埋進去的草籽，
> 燒山的大火燒不著，
> 劈山的大雷劈不死，
> 長出的草杆拇指粗，
> 結出的草籽老實飽，
> 摘下一顆來吃吃，
> 嘴裏口水淌不贏！
> 這回先祖會啦，
> 拿著草籽去埋；
> ……
> 自從哈尼會栽種，
> 不消日日去攆山，
> 家養的牲畜又胖了，

---

49 西雙版納傣族自治州民族事務委員會編：《哈尼族古歌》（昆明市：雲南民族出版社，1992年），頁18。

　　地裏的莊稼也安寧。[50]

　　哈尼族「由於與自然植物的大量接觸，觀察到它們春華秋實的交替過程，又觀察到老鼠一類以植物籽實為食的齧齒類動物的儲食行為（「埋草籽」實為鼠類搜集儲藏植物籽實），及鼠洞里長出植物的現象，啟發了人類模仿其行為栽培植物籽實，從而產生了最初原的農業種植」[51]。從採集狩獵文明向旱地農耕文明的轉型，是哈尼文化史上的第一次重大轉型，在這次重大的文明轉型過程中，鼠充當了人類「老師」和「引路人」的角色。

　　哈尼族文化的第二次重大轉型是旱地農耕文明向梯田稻作文明的轉變。在這次重大轉型中，人類的「老師」和「引路人」則是水牛和豬。古歌《湘窩本》（開田種穀）講：

　　　　水牛望見清水淌，
　　　　急急忙忙跑去喝，
　　　　花瓣樣的牛蹄子，
　　　　把壩子踩出花花的腳印；
　　　　大豬瞧見清水流，
　　　　急急忙忙去打滾，
　　　　凸凸凹凹的土地，
　　　　被大豬滾平。
　　　　……

　　　　哈尼老人叫齊所有的兒子，

50　西雙版納傣族自治州民族事務委員會編：《哈尼族古歌》（昆明市：雲南民族出版社，1992年），頁98-99。

51　史軍超：《哈尼族文學史》（昆明市：雲南民族出版社，1998年），頁198。

把新的規矩來定：

「我的後代兒孫，

……

要叉開你們的手手腳腳，

像豬拱山坡一樣翻地，

要動起你們的腳腳手手，

像牛滾塘一樣去挖地，

挖出的地上埋下草籽，

結出的果實給你們吃不完吃不盡！」

……

教翻地的是大豬，

教開田的是水牛，

世上的哈尼永遠離不開豬和牛，

世代哈尼牢牢記著豬和牛的情。[52]

而居住於紅河縣浪堤、大羊街、車古等地的哈尼支系奕車人則流傳著這樣的傳說：

相傳，哈尼祖先阿波仰者從遙遠的北方搬遷到紅河南岸哀牢山叢林裏時，日子過得艱難。阿波仰者一生養育了八個兒子，他把老五者奕安插在車普（今屬紅河縣）地方。一天，者奕和他的老婆、孩子在山箐裏採摘野果時，忽然發現了一樁奇異的事情：一隻奕車語稱作「占德俄哈」的大野鵝在沼澤邊啄食，啄著啄著，不多一會便啄出一條長長的小溝溝，清水從小溝溝裏

---

52 西雙版納傣族自治州民族事務委員會編：《哈尼族古歌》（昆明市：雲南民族出版社，1992年），頁100-101。

緩緩地流淌出來。聰明的者奕看到這種情形，深受啟發，便帶領老婆、孩子不分晝夜地依著山勢壘造梯田，並開挖山溝，引水灌田，栽種糧食，再也不靠採摘野果為生了。[53]

　　無論是水牛、豬，還是大野鵝，其實都是一種隱喻、一種象徵符號，它表明了人類創造梯田的靈感來自於大自然，大自然是人類的智慧之源、創造之源。

　　哈尼族進入農耕文明後，居住方式逐步從遊居轉變為定居。這種情況下，選擇建寨位址就是一件關於族群盛衰的大事。在選寨址中，「哈尼族往往通過觀察家養禽畜對環境的反應來確定村址。比如，今元陽縣嘎娘鄉嘎娘村的哈尼族祖先，輾轉遷徙來到今嘎娘鄉境以後，最先在今嘎娘鄉石灰窯建村立寨。哈尼族在石灰窯居住一段時間以後，村址一帶逐漸發展成為方圓村寨的集市，小偷隨集市的出現而出現。村民為竊賊所累，不堪其苦，決定遷移他處。在當時，今嘎娘村址一帶是原始森林繁茂的林區。石灰窯村民的耕牛經常跑到今嘎娘村址的老林中歇息打滾，村民們認為這是個好地方，於是，逐年從石灰窯遷上來。」[54]許多村寨都是依據植物景觀命名的，如哈播、麻栗寨、金竹林、箭竹林、苦蘆寨、多依樹、棕匹寨等。[55]

　　在創造精神文化的過程中，哈尼族同樣以自然為師，從大自然獲取創造的靈感和智慧的源泉。

　　哈尼族天文曆法的一個顯著特點是「物候定農時」，即「以所居之地山野間樹木的生長、開花、結實和各種飛鳥的往還為識別季節變

---

53 毛祐全、傅光宇編著：《奕車風情》（昆明市：雲南民族出版社，1990年）。

54 白玉寶：〈哈尼族蘑菇房建築考察──兼及蘑菇山寨文化生態博物館建設構想〉，載《哈尼族文化論叢》第一輯（昆明市：雲南民族出版社，1999年版），頁98。

55 白玉寶：〈哈尼族蘑菇房建築考察──兼及蘑菇山寨文化生態博物館建設構想〉，載《哈尼族文化論叢》第一輯（昆明市：雲南民族出版社，1999年版），頁100。

化的標誌」[56]。該族民間故事《阿羅找布穀鳥》講：是布穀鳥教會哈尼族分清了四季，告訴人類過年和栽秧的時間：

> 它（布穀鳥）飛到哈尼族人住的地方，叫著：「二月土狗叫，布穀！布穀！布穀！」哈尼人都說：「布穀鳥來叫我們種穀啦，不是坐著的時候啦！」於是哈尼人都忙著把山上的藤子撚成鞭子，趕著公牛，扛著鋤頭、犁耙到田裏耕田、撒種去了。三月，布穀鳥說：「三月水滿田。秧苗無爹無娘想哭泣，認蒿枝嫩尖尖做爹娘。」於是人們就到田裏去拔秧栽秧，拔秧的時候，一定要先往田裏插一些蒿枝嫩尖尖。四月，布穀鳥說：「四月生雜草。」於是人們就到田裏去打埂草。五月，布穀鳥說：「五月長青草。」於是小娃就牽著牛到山上去放。六月，布穀鳥說：「六月要翻年。」於是大夥就忙著殺豬、殺牛，準備過六月年。七月，布穀鳥說：「七月穀子黃。」哈尼人就忙著修寨子腳的路，準備收穀子抬回來。布穀鳥的嘴叫出血了，田裏黃亮亮的穀子在埂子上睡瞌睡了，把穀子收回來，就不愁吃的了。[57]

此外，「麻栗樹葉飄落了，哈尼人家要過年」；「熱壩鮮紅的攀枝花一開，高山染飯樹抽出了骨朵」，哈尼人開始栽秧，等等[58]。

---

56 史軍超：〈哈尼族十月物候曆與農耕生產〉，載《中國哈尼學》（第一輯）（昆明市：雲南民族出版社，2000年），頁45。

57 《哈尼族民間故事》編輯組：《哈尼族民間故事》（昆明市：雲南人民出版社，1984年），頁48-49。

58 馬居里、羅家雲編著：《哈尼族文化概說》（昆明市：雲南民族出版社，2000年），頁212。

　　哀牢山區的哈尼族大體上並行著兩種曆法，一種為「十月物候曆」，這是主要曆法；一種為「十二月曆」，是次要曆法[59]。無論是十月曆還是十二月曆，其發明都與「年輪樹」（「年月樹」）有關。先看「十月曆」：

> 從前我們哈尼族計年月，
> 是按月亮裏的鳥波樹[60]來計算。
> 這棵鳥波大樹，
> 樹有十條根，
> 一年算為十個月，
> 樹有十三椏，
> 一輪算為十三天，
> 樹有三十六個枝，
> 一月算為三十六天，
> 樹有三百六十片葉子，
> 全年算為三百六十天。[61]

　　再看「十二月曆」。傳說很久以前，一棵大樹遮住了天地，世上的人難生存。哈尼、漢、傣、彝等族的人民聚集在一起商議對策，請射箭高手姆基人（彝族的一個支系）射穿遮天樹葉，人們又重見陽光。後又請白鷳去數樹葉有多少，白鷳數後告訴人們：「樹枝有十二枝，樹杈分為十三椏，樹上長著三百六十片葉。」人們又請翻手鼠

59　史軍超：〈哈尼族十月物候曆與農耕生產〉，《中國哈尼學》（第一輯），頁45。

60　鳥波：哈尼語，即榕樹。

61　白碧波、李克忠、白祖額、阿黑譯注：《哈尼族禮儀習俗歌》（昆明市：雲南民族出版社，1999年），下冊，頁669-671。

（一種小鼠）去數樹根有多少，翻手鼠鑽到地深處數後告訴人們：
「樹根只有三十條。」於是——

> 由於樹根有三十條，
> 將一個月定為三十天。
> 就因樹有十三個椏杈，
> 一輪定為十三天。
> 因為樹有十二枝，
> 一年定為十二個月。
> 因為樹葉有三百六十片，
> 一年定為三百六十天。[62]

上述傳說不是歷史，卻形象化地反映了歷史。人類在師法自然中獲取了創造靈感，完成了文化發明。或者說，人類在動植物兄弟的幫助下完成了文化創造。

哈尼族關於扇子舞（棕扇舞）的起源有多種傳說，劉金吾先生共收集到四種傳說，其中一種講：「一個叫阿衣的男孩，不幸父母早逝，在他困難之際，眾神仙前來幫助，並帶他去學白鷳鳥跳舞，此後，他就叫阿衣而笛施笛瑪，即哈尼族開始跳舞的人。從此，哈尼族也才開始有了舞蹈。」[63] 又一類似的傳說講：「哈尼人在從諾瑪阿美往南遷移時，有一天走到一座山頭上，大家都走累了便坐下來休息。這時，天空中傳來了一串串悅耳的鳥啼聲，眾人抬頭看去，只見天空中

---

62 白碧波、李克忠、白祖額、阿黑譯注：《哈尼族禮儀習俗歌》（昆明市：雲南民族出版社，1999年），下冊，頁687-709。

63 劉金吾：〈哈尼族舞蹈中的多元文化特徵〉，載《首屆哈尼族文化國際學術討論會論文集》（昆明市：雲南民族出版社，1996年），頁626。

有一群鳥在向南邊飛。一位老人對大家說：『我們要像鳥一樣自由就好了。』說著，就從路邊棕樹上摘下兩片棕葉，當鳥的翅膀，學著鳥的動作跳起來。棕扇舞便從此產生了。」[64]

此外，哈尼族中還流傳著人類向鸚哥學會講話的傳說。[65]

由於哈尼族以自然為友，以自然為師，並在自然大家庭中的動植物兄弟的幫助下完成了一系列關乎種族繁衍和文化衍生、傳承的重大文化創造，因而從文明肇始時便深深埋下了珍愛自然、向自然感恩的種子，並衍化為一種「集體記憶」，代代相傳。

四　對自然感恩

哈尼族是個具有強烈感恩意識的民族。這種感恩意識不僅存在於族與族之間、家庭與家庭之間、人與人之間，而且滲透到人與自然之間。對於自然給予的恩澤、幫助，哈尼族不是抱著一種理所當然的、無所謂的甚至是不知足的心理，而是懷抱感恩的、敬仰的情懷，以各種各樣的方式表達心中的感激之情。

哈尼族有祭拜松樹的古老習俗。關於這一習俗的來源，哈尼族民間史詩《十二奴局》中講道：

> 大水淹沒人世的時候，
> 多虧納米堵合[66]的青松將我們搭救，

---

64 王洪偉：《戈奎　白鷳鳥展翅的地方》，《大觀周刊》第43期（2005年11月30日），頁21。

65 雲南省少數民族古籍整理出版規劃辦公室編：《哈尼阿培聰坡坡》（昆明市：雲南民族出版社，1986年），頁9。

66 納米堵合：哈尼語，一座高山。

孩兒不管到了什麼地方，

遇到松樹要磕頭拜禮。

每年過節的日子，

要把青松接來家裏，

要給它燒香磕頭，

還要用酒肉飯菜獻祭。[67]

　　哈尼族具有建寨植樹的優良習俗，在村頭寨尾種植棕樹、刺桐樹、錐栗樹、竹、芭蕉樹等。這一習俗的形成和傳承既有功利性的原因，也有觀念層面的因素。哈尼歌古歌《厄朵朵》（洪水氾濫）講，遠古的時候，天上出了兩個太陽，大地上的水曬乾了，野物也死了。人大多曬死了，哈尼的頭人、貝瑪和工匹三個能人卻活了下來，因為：

三種不死的能人，

找著永生的芭蕉樹，

咬著渡命的根根，

吸著根水活命。[68]

　　還有一群哈尼人也活了下來：

不死的人還有嗎？

還有呢？

在東方出水的毛竹根下，

---

67 趙官祿等：《十二奴局》（昆明市：雲南人民出版社，1989年），頁23。

68 西雙版納傣族自治州民族事務委員會編：《哈尼族古歌》（昆明市：雲南民族出版社，1992年），頁155。

　　躲著一窩長命的祖先，

　　他們找到了毛竹底下的水源，

　　找著了活命的源泉。[69]

　　對於在民族生死存亡的關鍵時刻立下大功的芭蕉樹和竹子，哈尼族自然心存感激，世世代代精心種植和養護以表感恩之情和不忘之志。以竹為例。該族遷徙史詩《哈尼阿培聰坡坡》中講：哈尼在嘎魯嘎則[70]居住了兩輩人後，又不得不遷徙。遷徙時「挖一蓬龍竹帶上呵，哈尼沒有把阿撮[71]的好意遺忘；挖一蓬龍竹背上呵，讓哈尼不管走多遠，都有嘎魯嘎則的竹林遮太陽。」[72]從此之後，哈尼族建寨植竹成為世代相沿的神聖習俗。

　　哈尼族為何要將錐栗樹奉為村寨「三寶」（另兩寶為刺桐樹和青竹）之一呢？一民間故事講：

　　很早以前，大地上只有草沒有樹，一個叫長生不死的老奶奶極不滿意，想重新裝扮山河。她放一把火把草燒光，而後到天上去要樹種。天神給了她各種樹種。她請管風的兩個女神幫她播種。不久，高山、平壩、深谷到處都長滿了樹，世界美麗極了。長生不死老奶奶十分高興，人們也很高興。在所有樹中，最先發芽、生長和成材的是錐栗樹，然後才是青松、沙羅、杉、楊柳、水冬瓜等。錐栗樹非常神奇，有了它，人們分得清

69　西雙版納傣族自治州民族事務委員會編：《哈尼族古歌》（昆明市：雲南民族出版社，1992年），頁156。

70　嘎魯嘎則：地名，具體地點不詳。

71　阿撮：據傳為傣族，待考。

72　雲南省少數民族古籍整理出版規劃辦公室編：《哈尼阿培聰坡坡》（昆明市：雲南民族出版社，1986年），頁23。

年、月、日和節令，人們懂得趕街天，生活才有了秩序，人們
才過上了安寧生活。錐栗樹長在元江縣的打碰山上。紅河的大
羊街一帶沒有錐栗樹，那裏的人們仍不懂日曆，生活仍一團
糟。人們決定派最聰明能幹的虛紀去偷。虛紀偷來三條樹枝，
栽在最好的地方。不久，枝條長成大樹，那裏的人們過上了安
樂生活。於是，人們把錐栗樹視為神來崇拜，久成習俗，流傳
至今。[73]

對曾給予人類以幫助的動物朋友，哈尼族同樣心存感激，知恩
圖報。

牛曾賦予哈尼先祖創造梯田的靈感，又是哈尼族在創造輝煌的梯
田文化的過程中最得力、最忠實的幫手，因而對牛有一份特殊的摯
愛，並通過相應的儀式和習俗加以表達。

哈尼族支系奕車人，凡生了小水牛的人家，都要舉行「牛然夥烏
絮」儀式，意為給牛吃糯米飯。

按照奕車的傳統習俗，生下小水牛的人家，全家主要勞動力一
齊出動，哪怕荊刺戮腳，藤蔓纏身，哪怕要走一二十里路程，
也得設法從深箐溝畔割來鮮嫩的青草喂給剛生兒的母水牛吃，
絕不讓它自個艱難地上山找青草吃。有的人家還用老肥肉和紅
糖餵養「坐月子」的母水牛。如果遇上天氣寒冷，就用舊棉絮
和舊衣裳包裹起小牛的身子，或燒火來給它取暖，以便來日個
大力強。生下小牛後的第三天早晨，主人家便蒸出香噴噴、熱

---

73 李光榮：《從民間文學看哈尼族的傳統生態觀》，載《哈尼族梯田文化論集》（昆明
市：雲南民族出版社，2000年，頁252-253。

氣騰騰的糯米飯，端到牛廄門前，擺開一張篾桌，先按家中人口數捏做糯米飯團，再給母牛和小牛各捏一團，整整齊齊地擺在篾桌上。家長先給母牛和小牛喂過糯米團，然後全家老小各食一團。[74]

　　奕車人通過這種儀式，既表達對生育小牛的母牛的謝意，又祈求小牛健康生長。此外，元江哈尼族族規規定：「耕農糟蹋了莊稼，只究人而不准毒打耕農。否則，究其毒打耕農者的賠償責任。」[75]

　　哈尼族中廣泛流傳著嘗新米先喂狗的習俗：「每年秋禾成熟後，居住在今紅河、元陽、金平、綠春的哈尼族，在收割前都要過吃新米飯的節日，到嘗新之夜，用當年栽種早熟的大米煮出的飯或炸的米花，等祭祖完畢後，第一碗飯或米花都要先喂狗後，人們才就餐。」[76]關於此習俗的來歷，哈尼族有多種傳說。傳說之一《嘗新先喂狗的由來》講：原來人們不會開田種地，五穀也由天神摩咪掌管。地上人們無衣無食、飢寒交迫的淒慘情景感動了天神的女兒摩咪然密。她偷了天上的穀種，帶下凡間教人們栽種，還教給人們紡紗、織布、做衣服。從此，凡人才過上有衣穿、有飯吃的好日子。摩咪得知此事，十分震怒，把摩咪然密變成一條母狗，貶下人間來。「從那時候起，我們哈尼族人每逢到了初秋季節，把第一批稻穀收割回來後，都要殺豬宰牛，煮上新米飯，舉辦一次嘗新米節。過節時，在吃飯前，每家都要舀一碗新米飯，先給家裏飼養的狗吃，表示我們哈尼族永遠不忘捨

---

74 毛祐全、傅光宇編著：《奕車風情》（昆明市：雲南民族出版社，1990年），頁83。

75 李崇隆：〈元江哈尼族族規民約淺說〉，載《首屆哈尼族文化國際學術討論會論文集》，頁435。

76 車高學、盧朝貴：〈紅河流域哈尼族自然崇拜和祖先崇拜禮儀〉，載《中國哈尼學》（第一輯），頁85。

己為人的摩咪然密。」[77]傳說之二《貓、狗、老鼠和五穀的傳說》講：貓和狗歷盡艱辛，向天神庫魯阿希要到「五穀種子蛋」，交給哈尼人。「由於貓和狗給人帶來了五穀，人為了感謝它們，每年新米上市，就要先讓狗嘗新，餵貓時，則要魚或乾巴之類的東西，作為報答。」[78]

哈尼族中還有禁食狗肉的習俗：

> 解放前哈尼族的「克甲」、「窩努」、「瑪努」等氏族都不吃狗肉，也不輕易把狗賣掉。據傳「克甲」氏族，曾與其它部落戰爭，最後「克甲」部被人征服，男性除被人強迫為奴賣到很遠的地方外，其餘走不動的老少都被殘殺，最後僅剩一個男嬰兒被藏在狗窩中。母狗為嬰兒餵奶，嬰兒幸免於死，被人救出，在山洞中長大成人，後來聚攏失散的「克甲」部族，跋涉遷徙，終於逃避了強族的殘殺，使「克甲」部族延傳至今。後代為了報答母狗哺育先祖的恩情，整個氏族至今都不食狗肉。居住在今元陽一帶的「窩努」家族，相傳其部落長在相互併吞的征戰中被人暗殺，敵方把「窩努」部落長屍體埋於水溝底隱沒，後被部落長的家狗把族人拖於水溝邊，把埋在溝底下的主人扒了出來，讓族人找到了部落長的屍體。後人為了報答狗尋主人之恩，至一九五八年前都禁食狗肉。[79]

---

77 《哈尼族民間故事》編輯組：《哈尼族民間故事》（昆明市：雲南人民出版社，1984年），頁44-46。

78 雲南省民間文學集成辦公室編：《哈尼族神話傳說集成》（北京市：中國民間文藝出版社，1990年），頁186-188。

79 車高學、盧朝貴：〈紅河流域哈尼族自然崇拜和祖先崇拜禮儀〉，載《中國哈尼學》（第一輯），頁85-86。

哈尼族認為，是布穀鳥教會人們分清四季，學會按節令安排農事。為表達對布穀鳥的感激，每年農曆三月，哈尼族要過「黃飯節」：

> 陽春三月，哈尼族在布穀鳥的叫聲中，選擇一個屬羊日過此節。屆時，備辦美味佳餚，用「染飯樹」汁水浸泡糯米，蒸出噴香的黃色糯米飯，煮好紅鴨蛋，向報春的布穀鳥虔誠地敬獻。[80]

劉金吾先生收集了哈尼族關於扇子舞的四種傳說，其中三種都講扇子舞是哈尼人為了感激白鷳鳥的救助之恩而發明的；其一，「很久以前，一隻白鷳鳥在樹上棲身，一位貧病交加的老人倒在樹下，白鷳鳥即四處找尋，用嘴含來妙藥，又含來了水讓老人服了藥，救活了老人。為了感激白鷳鳥，老人用芭蕉葉做鳥翅，模仿白鷳跳起了舞蹈。」其二，「很久以前，一場傳染病流行，哈尼族死得只剩下一個嬰兒，嬰兒的哭聲驚動了天上的仙姑，仙姑就變成一隻白鷳鳥，用嘴含來藥救活了小孩，使哈尼族才得以生息繁衍下來。人們為了感激白鷳鳥，就用棕樹葉做扇子，模仿白鷳鳥跳起舞來。」其三，「白鷳鳥為哈尼族含來了穀種，為了感激白鷳鳥，就模仿白鷳鳥跳起舞來。」而木雀舞的起源傳說，「也是說一個小男孩生了惡疾，百治無效，後來在一隻翹尾巴雀的小鳥幫助下恢復了健康，故跳木雀舞以資紀念。」劉金吾先生繼而指出：「這些舞蹈中，既是反映了對這些崇拜物的懷念與讚頌，又表示了由於他們的搭救，哈尼族才得以繁衍生存下來的酬謝之情，同時也是把他們作為哈尼祖先敬奉。」[81]

---

80 龍倮貴：〈哈尼族梯田稻作文化淺析〉，載《哈尼族梯田文化論集》，頁77。
81 劉金吾：〈哈尼族舞蹈中的多元文化特徵〉，載《首屆哈尼族文化國際學術討論會論文集》，頁626-627。

　　哈尼族對燕子十分珍愛。該族傳說《燕子救人種》講：遠古時，
洪水淹沒了大地，世上的人都淹死了，只剩下裝著一男一女的木箱。
天神派啄木鳥和老鼠來開木箱，都未成功；最後派了燕子下來，打開
了木箱，人類才得以繁衍。「人沒有忘記燕子的救命之恩，讓它在最
神聖的堂屋上築巢。哈尼的長輩們經常告訴自己的子孫，不能欺負燕
子，要愛護燕子。」[82]該族另一傳說《大雁領去的地方》講：是大雁
將哈尼先祖帶到「一片又寬展、又平坦、又肥又松的大平壩」，「為了
紀念大雁，頭人阿波給這個地方取了個好聽的名字，這就是個個哈尼
都認得的出名的『諾馬阿美』，哈尼永遠也忘不了大雁的恩情。」[83]哈
尼族古歌《嵯祝俄都瑪佐》（遮天大樹王）講：哈尼先祖砍遮天大
樹，大樹要倒的時候，鸚鵡告訴人們樹倒會壓死人，結果追鸚鵡的人
活了下來，其餘的全部被壓死。「因為救人種的是鸚鵡，後代的哈尼
不忘它的恩情，嫁姑娘討媳婦的時候，要用一隻飛鳥來祭獻。」[84]

　　上述傳說都不是歷史事實本身，卻是「形象化的歷史」，它折光
般地反映出哈尼族觀念文化深處所具有的對自然的感恩意識。哈尼族
崇拜、祭獻、懷念上述動植物，並非是因為哈尼族將這些動植物當作
「圖騰」或「神靈」，而是因為這些動植物在哈尼族種族繁衍和文化
傳承中立下功勞（儘管其中不乏虛構和想像的成份）。由於哈尼族視
這些動植物為同一自然大家庭的親人和夥伴，因而自然而然地將人與
人之間知恩圖報、感恩戴德的倫理意識投射到這些動植物身上。

---

82 雲南省民間文學集成辦公室編：《哈尼族神話傳說集成》（北京市：中國民間文藝出
　　版社，1990年），頁70-71。

83 雲南省民間文學集成辦公室編：《哈尼族神話傳說集成》（北京市：中國民間文藝出
　　版社，1990年），頁273。

84 西雙版納傣族自治州民族事務委員會編：《哈尼族古歌》（昆明市：雲南民族出版社，
　　1992年），頁218-219。

五　自然權利觀

直到二十世紀七〇年代初，「自然權利」才進入環境倫理學的話語系統中。然而，現代人類只是自然權利理論的首創者，卻非自然權利觀念的最早擁有者。自然權利觀念很早便深植於像哈尼族這樣的少數民族的信仰體系中。通過對哈尼族《苦紮紮》等民間傳說的現代解讀，我們便能窺知哈尼族自然權利觀之大端。

（一）自然享有的權利

在哈尼族的觀念中，自然享有的權利主要包括生存權利、環境居住權利、法律和道德權利。這可從對哈尼族民間傳說《苦紮紮》[85]的現代解讀中獲得相關信息。

《苦紮紮》傳說講述的是哈尼族從遊居到定居，從採集狩獵生產方式到農業生產方式的文明演進過程中人與動物界之間從衝突到和解的過程。

最先，人類為了滿足自身的生存需求，單方面地行使了自己的生存權利：「傳說，在很古很古的時候，哈尼人從老林裏走出來，在半山腰安下寨房，為了養活兒孫，就到山上去燒山開田。哈尼是勤快的人，早上燒山，燒出的山是九架；晚上開田，開出的田是九塊，一天不歇地燒山，一刻不歇地開田。」

農業的出現是由於人口壓力造成的文化適應，當人口發展到攫取性經濟無法支持時，穩定的食物來源成為大的問題，正是這種需求導

85　雲南省民間文學集成辦公室編：《哈尼族神話傳說集成》（北京市：中國民間文藝出版社，1990年），頁252-255。「苦紮紮」也寫成「矻紮紮」，均為哈尼語漢字音譯，即哈尼族的六月節。以下未特別注明出處者，均引自此傳說。

致了農業的產生。[86]農業文明取代攫取性的採集狩獵生產方式是哈尼族文明史上的巨大飛躍，它使哈尼祖先擁有了比較穩定和充足的食物來源，告別了「穴居野處」、「茹毛飲血」的蒙昧時代，正式跨入文明時代。然而，農業文明的誕生和演進是以砍伐森林資源為代價的，從而造成對自然環境的第一次大破壞。在類比思維和形象思維比較發達的哈尼族先祖看來，這種破壞最直觀的表現便是侵犯和剝奪了動物兄弟的生存權和環境居住權：「燒山燒黑了九十九架大山，開田開紅了九十九座山坡」；「這些動物被燒得腳跛的腳跛，手斷的手斷，糊頭糊腦的。」由於人類生存權的滿足是奠定在侵犯和剝奪動物的生存權和環境居住權的基礎上，「就得罪了住在山上的大大小小的動物。」於是動物開始行使自己的法律權利，通過法律的程序和手段來維護自己的正當權益。

動物們依照普通程序將人類告到大神煙沙那裏：「它們一窩一夥地擠到大神煙沙面前去告狀。」大神煙沙隱喻的是仲裁人與動物衝突的一審法院的審判長。大神煙沙按照人世間通行的審判程序，認真聽取了「起訴方」——動物們的申訴：

> 住在洞裏的老熊和野鼠說：「啊——阿波！[87]這些哈尼為了養活自己的兒孫，不燒的山一架也沒有了，不開的地一處沒有了。燒山燒倒了岩洞，老熊沒有住處了；開山挖坍了地洞，野鼠沒有在處了！」
> 住在老林裏的野豬、狐狸也說：「大神啊，我們受了無窮無盡

---

86 Ester Boserup:《Population and Technological Change》（Chicago: University of Chicago press, 1981）。轉引自莊孔韶主編：《人類學通論》（太原市：山西教育出版社，2003年），頁7。

87 阿波：阿爺。

的苦，哈尼燒山的火煙，秋[88]得野豬一家老小去跳崖，哈尼燒山的大火，燒死了狐狸家的七個兒子！」

住在土裏的螞蟻、蚯蚓也來告：「阿波，阿波，我們死的時候到了！哈尼挖田，挖倒了螞蟻七代的老窩，從今以後，螞蟻天天搬家的日子來到了！哈尼挖地，挖斷了蚯蚓的脖子，從此蚯蚓脖子上留下了褪不掉的印子！」

老鼠羅，螞蚱羅，竹鼠羅，箐雞羅，個個都來了，哼的哼，吼的吼，都說哈尼人要不得，要治治他們才行。

最後大神煙沙當庭作出宣判：「聽著，九山九箐的動物們，我大神煙沙來下判斷了：哈尼這樣整你們，叫他們拿命來賠！從今以後，一年叫他們殺一個男人來祭你們死掉的兄弟，你們這些活著的動物，一年四季可以到哈尼的大田裏去，拱通了田埂不要賠，踩倒了莊稼不要還！」於是，「動物們聽見煙沙開了口，喜喜歡歡地去了。」

然而，一審判決是建立在哈尼族傳統社會中人與人之間「同態復仇」的法律理念之上的，即「殺人償命，欠債還錢」，它鼓動動物對人類實施以牙還牙式的瘋狂報復：

> 從此以後，哈尼人倒楣了，大田裏的莊稼天天被野物偷還不說，每年要殺死一個男人祭被燒死挖死的動物，從此哈尼的寨子裏再也聽不見笑聲，老人為死去的兒子悲傷，女人為死去的男人痛哭。

在另一傳說《兄妹傳人》（二）中，哈尼先祖同樣賦予自然以

---

88 秋：方言，同熏。

「同態復仇」的權力，並以自然實施了「同態復仇」的權力來建構和解釋洪水神話：遠古的時候，有一年天大旱，哈尼先祖為了度日活命，在樹皮快剝盡、野獸快打光的情況下，下龍潭打魚，幾乎將魚、蝦等水生動物捕殺光。有一天，人們又將龍潭中一條大鯉魚捕殺吃掉。第二天，天上下起了從未有過的暴雨，龍潭掀起一層又一層的惡浪，惡浪頂端出現一兇神惡煞的龍王，對著全寨人吼叫道：「你們吃了我的子孫，害了我的水族，我要讓你們遭水災，我要你們償命！」暴雨下個不停，洪水淹沒了大地，人類都淹死了，只有一家兄妹倆，哥哥叫者比，妹妹叫帕瑪，鑽進葫蘆中逃過厄運。後來兄妹成親，才使人類得以繁衍下來。[89]這則傳說中的「龍王」，實則是自然的代言人。

這種自然對人類實施報復的活劇在人類文化史上經常上演。正如恩格斯在《自然辯證法》中所論述的：

但是我們不要過分陶醉於我們對自然界的勝利。對於每一次這樣的勝利，自然界都報復了我們。每一次勝利，在第一步都確實取得了我們預期的結果，但是在第二步和第三步卻有了完全不同的、出乎預料的影響，常常把第一個結果又取消了。美索不達米亞、希臘、小亞細亞以及其它各地的居民，為了想得到耕地，把森林都砍完了，但是他們夢想不到，這些地方今天竟因此成為荒蕪不毛之地，因為他們使這些地方失去了森林，也失去了積聚和貯存水分的中心。阿爾卑斯山的意大利人，在山南坡砍光了在北坡被十分細心地保護的松林，他們沒有預料到，這樣一來，他們把他們區域裏的高山牧畜業的基礎給摧毀

---

89 雲南省民間文學集成辦公室編：《哈尼族神話傳說集成》（北京市：中國民間文藝出版社，1990年），頁60-64。

了；他們更沒有預料到，他們這樣做，竟使山泉在一年中的大部分時間內枯竭了，而在雨季又使更加兇猛的洪水傾瀉到平原上。[90]

對於自然的報復行為，世界各個民族有各種態度。大致可分為兩種，一種是對自然通過報復行為表達出的權利訴求置若罔聞，一意孤行，結果人類與自然「兩敗俱傷」，最終「導致了奠定文明基礎的自然資源的毀滅」，[91]「在他們的足跡所過之處留下一片荒漠。」[92]兩河流域的巴比倫文明、印度河流域的哈巴拉文明、中美洲的瑪雅文明，就是典型例子。另一種是尊重自然的權利訴求，與自然「和解」，實現人與自然的和諧共存。

哈尼族採用的是後一種方式。在行為文化層面，他們通過在刀耕火種農業中實行有序的墾休迴圈制[93]、在梯田農業中保護神山和水源林，讓森林植被得以恢復或保存；在觀念文化層面，他們擬構出最高的天神阿匹梅煙，並賦予其調解人與動物衝突的最終裁定權，其角色相當於終審法院的最高法官。

《苦紮紮》接著講道：「哈尼的哭聲和怨聲傳上了高天，震動了最高的天神阿匹梅煙。」她來到世上，調查取證，傾聽當事雙方的意見。她先到哈尼寨子裏問明瞭原因，又到山上問那些動物。動物中分兩派，一派以巴布臘西（鼴鼠）為代表，屬反人類的強硬派，主張把

---

90 《馬克思恩格斯選集》（北京市：人民出版社，1972），卷3，頁517-518。

91 費・卡特、沸姆・戴爾：《表土與人類文明》（北京市：中國環境科學出版社，1987年），頁1。

92 費・卡特、沸姆・戴爾：《表土與人類文明》（北京市：中國環境科學出版社，1987年），頁3。

93 參見廖國強：〈雲南少數民族刀耕火種農業中的生態文化〉，《廣西民族研究》2001年第2期（2001年）。

哈尼人殺光；另一派以燕子為代表，屬親人類的和解派。燕子認為：
「啊，不合不合，哈尼人是好人不是壞人。我在他們的牆壁上做窩，
在他們的屋簷下梳頭，他們從來不罵我，因為我幫他們捉拿田裏的蟲
蟲，讓他們得豐收。你們才是害人的。泥鰍土狗，你們天天在哈尼的
田裏拱莊稼，哈尼人怎麼會喜歡你們？老鼠，人家的穀子還沒有飽
滿，你就去偷吃，人家怎麼會不恨你？你們這些野物啊，哈尼人殺你
們也是應該的！」阿匹梅煙在充分聽取當事雙方的辯論後，作出終審
判決。他向動物宣判了懲治人類的辦法：

> 好嘛，你們實在討厭哈尼人，我就幫你們治他們。他們的穀子
> 二、三月栽上去，五、六月間青黃不接，在穀子還不熟的時
> 候——穀子一熟，他們吃飽肚子，你們就鬥不贏他們了——我
> 把他們一個一個吊起來，拴在半空中打，把他們打得叫『不敢
> 了，不敢了』才饒……

又悄悄告知人類：

> 你們到了六月，就支起高秋，架起磨秋來，老老小小夥子姑娘
> 穿起最好的衣裳來打高秋、撐磨秋，你們一面打，一面叫，叫
> 得箐溝、老林裏的動物們都聽見，這樣你們就可以不殺人祭
> 祀，動物也不會來怪你們了。

在哈尼族看來，阿匹梅煙想出的是一個「最好最好的辦法」，做
出的是一個「公正的判決」。因為「一審判決」中採用的「殺人償
命」的裁量標準只適合於人類社會，並不適合於人與動物之間。而
「終審判決」採用了一種新的裁量標準，即「基於差異性的公正原

則」（下文將詳述），從而使人類與動物皆大歡喜。從人類來講，他們將殺人祭祀改為殺牛祭祀，同時將原本是懲戒性的、充滿悲傷的「受罰」活動變成為歡樂的節日：「過苦紮紮的時候，人們穿上新衣裳，成群結夥地來到秋場上打高秋、撞磨秋，打秋的人一面打，一面歡樂地高喊：『哦呵！哦呵呵！哦呵呵！……』」。於是，「哈尼人吃也得吃了，歡樂也得歡樂了，就把苦紮紮定做自己的年。」從而維護了人類的生存權和合理利用自然的權力。從動物來講，它們「看見哈尼人一個一個弔在半空中，被阿匹梅煙打得飄過來蕩過去，像幹天的樹葉一樣，站都站不住，哈尼人痛苦的叫聲把大山都震響了。動物們非常高興：『嗯，還是阿匹梅煙的辦法好，哈尼人啊，也給你們嘗一回受苦的味道吧！』它們喜喜歡歡地回到各自的洞穴，不再來要哈尼人的人頭。」從而滿足了動物們懲治人類的權利訴求，從形式上和道義上主張了動物的法律和道德權利。

（二）哈尼族自然權利觀的現代解讀

我們可以運用環境倫理學中的自然權利理論，對哈尼族自然權利觀作如下兩方面的解讀。

其一，哈尼族的自然權利觀主要體現為一種動物權利觀，換言之，哈尼族是「動物權利論者」，認為動物與人類一樣具備權利主體資格，享有與人類類似的權利。這樣的觀念在對自然賦權範圍及邏輯推理上與西方「動物解放論」或「動物權利論」有相似和相通之處。

自然能不能擁有權利？這是現代環境（生態）倫理學討論的核心課題之一，「其中動物的權利問題又是環境倫理學試圖打破傳統人類中心主義道德體系的一個突破口」[94]。從二十世紀七〇年代起，在世

---

94 韓立新：《環境價值論》（昆明市：雲南人民出版社，2005年），頁61。

界範圍內掀起一場旨在維護動物福利的「動物解放」或「動物權利」
的運動。這一運動的代表人物皮特・辛格（Peter Singer）於一九七三
年發表一篇題為〈動物解放〉的書評，從動物的感受性或者說感受苦
樂的能力出發，推出了動物應享有道德權利的結論。他採用的是簡單
的三段論式推理：「大前提：凡是擁有感受痛苦能力的存在物都應給
予平等的道德考慮。小前提：由於動物也擁有感受痛苦的能力。結
論：所以，對動物也應給予平等的道德考慮。」[95]韓立新先生進而將
辛格的觀點總結為：「既然動物也具有同人一樣的感受苦樂的能力，
那就應該享受同人一樣的權利，我們不能把人這一特殊的物種作為一
物是否享有生存權的指標。」[96]該文從哲學上第一次論證了動物的權
利問題，被稱為動物權利運動的《聖經》。[97]另一新型動物保護主義者
雷根（T.Regan）認為，動物之所以能夠擁有權利，是基於以下推
論，「即人之所以具有權利是因為人擁有『固有價值』，而人之所以擁
有『固有價值』是因為人是『生命的主體（Subject of life）』，而動物
也是『生命的主體』，所以動物也具有『固有價值』，因而動物也擁有
受到道德關懷的權利。」他「並不認為所有的動物個體都是『生命的
主體』。按他的說法，一個個體要成為一個『生命的主體』，需要滿足
一定的條件，比如確信、欲望、知覺、記憶、對將來的感覺、偏好、
苦樂、追求欲望和目標的行為能力、持續的自我同一性、擁有不依賴
於外界評價的自身的幸福等等，儘管要依照這些條件對所有的動物進
行劃分、判定並不是一件容易的事，但一般來說可以把『生命的主

---

95 此段文字為韓立新先生對辛格觀點的概括。辛格的觀點參見辛格，孟祥森、錢永祥
　譯：《動物的解放》（北京市：光明日報出版社，1999年），頁12。韓先生的概括見
　《環境價值論》，頁66。

96 韓立新：《環境價值論》（昆明市：雲南人民出版社，2005年），頁67。

97 韓立新、劉榮華：《環境倫理學的發展趨勢與研究對象》，《思想戰線》2007年第6期
　（2007年）。

體』限定在『一歲以上的哺乳動物』這一範圍內。」[98]

以上基於人與動物在欲望、知覺、記憶、感覺、苦樂等感受能力或曰「感受性」的相似性來推演動物擁有與人相似的權利的邏輯推理路徑，與哈尼族有相似和相通之處。

哈尼族傳統的邏輯思維是一種「原始邏輯的思維」。[99]他們最初並沒有「把自己與自然分開，因而也不把自然與自己分開，所以他把一個自然對象在他身上所激起的那些感覺，直接看成了對象本身的性態。……因此人們不由自主地——亦即必然地，……——將自然的東西弄成了一個心情的東西，弄成了一個主觀的、亦即人的東西。」[100]他們心中的世界具有如苗啟明先生所概括的如下規定性：

（1）萬物具有人一樣的生命，即「萬物有生」，世界是個生命化的世界。動物、植物、山川星漢乃至整個世界都是一種生命的存在；類生命觀支配著原始人的頭腦。

（2）萬物具有人一樣的生活與活動，即「萬物有行」，世界是活動化、生活化的世界。一些較原始的觀念把這點表現得很清楚。這是一種類人行為觀。

（3）萬物具有人一樣的心理、感情、觀念和意圖，世界是人心化、情意化的世界。這可概括為「萬物有情」。[101]

在他們的傳統觀念中，人與自然萬物「同源共祖」，自然萬物是

98　韓立新：《環境價值論》（昆明市：雲南人民出版社，2005年），頁81-82。

99　列維·布留爾：《原始思維》（北京市：商務印書館，1981年），頁71。

100　《費爾巴哈哲學著作選集》下卷，頁458-459。轉引自苗啟明《原始思維》（上海市：上海人民出版社，1993年），頁106。

101　苗啟明：《原始思維》（上海市：上海人民出版社，1993年版），頁106-107。

人類的親人和夥伴；在自然萬物中，動物是與人類最親近、最相似的一個種群，具有與人相似的意識、需要、願望和情慾，是人類的親兄弟（前已述及）。於是哈尼族在「將心比物」、「物我同一」的類比思維的驅動下，賦予動物權利主體資格，承認動物享有和人相似的權利，並將人類社會中人與人之間、人與社會之間所形成的道德關係、法律關係投射到人與動物之間。

在對自然賦權的範圍上，哈尼族有別於以克里斯多夫・斯通（Christopher stone）為代表的「自然物的法的權利」論以及以阿倫・奈斯（Arne Naess，也譯作阿恩・納斯）為代表的「深層生態學」。[102] 斯通於一九七一年撰寫了〈樹能站到法庭上去嗎〉一文，首次從法律的角度探討了自然物的權利問題，主張：「應該賦予森林、大海、江河和其它的所謂環境中的『自然物』以及整個自然環境法的權利。」[103] 而深層生態學則主張將權利賦予生物圈中的所有事物。[104]

其二，哈尼族的動物權利觀奉行的是一種「基於差異性的公正原則」。

---

102 「深層生態學」是與「淺層生態學」相對應的學科概念，由挪威哲學家阿倫・奈斯（又譯阿恩・納斯）在其於一九七三年發表的〈淺層與深層，長序的生態運動〉（也譯作〈淺層生態運動與深層、長遠的生態運動：一個總結〉）一文中首次提出。一九八五年，美國生態哲學家比爾・迪憂（Bill Devau）和喬治・塞遜斯出版了《深生態學：重要的自然彷彿具有生命》一書，比較全面地闡述了深層生態學的基本理論。此書成為深層生態學理論形成的標誌。深層生態學主要探討除了人以外的其它物種（生命）共同體、自然環境的內在權利、價值和利益問題，是西方環境倫理學的一種新的範型（詳見王正平：〈深生態學——一種新的環境價值理念〉，《上海師範大學學報》2000年第4期（2000年））。

103 Christopher Stone：〈Should Trees Have Standing？Toward Legal Rights For Natural Objects〉，轉引自韓立新、劉榮華：〈環境倫理學的發展趨勢與研究對象〉，《思想戰線》2007年第6期（2007年）。

104 王正平：〈深生態學——一種新的環境價值理念〉，《上海師範大學學報》2000年第4期（2000年）。

儘管西方環境倫理學關於自然權利的論證角度、理論預設和推理邏輯各有不同，從而形成各種理論流派，但有一點卻是趨同的，那就是都強調自然權利與人的權利的平等性。如雷根和泰勒（paul W. Taylor）「分別從『生命的主體』和『生命的目的』的角度論證了動物或生物擁有被平等對待的可能性，並從『權利論』和『尊重自然』的角度推出人和動物之間或人和生物之間的平等性」[105]。挪威哲學家阿倫‧奈斯（又譯阿恩‧納斯）將「生物中心主義的平等」作為深層生態學理論的兩個「最高規範」或「直覺」之一（另一個是「自我實現」）。「生物中心主義的平等」的基本要義是：「在生物圈中的所有事物都有一種生存與發展的平等權利，有一種在更大的自我實現的範圍內，達到他們自己的個體伸張和自我實現的形式的平等權利。」[106]但這種自然享有與人平等的權利的理論卻在實踐層面面臨嚴峻的困境：「如果嚴格地貫徹平等原理，人是不能為自己的利益而殺害其它生命的，更極端一點，由於人是惟一可以意識到道德責任的存在物，那麼也許餓死會成為人的義務。結果是為了人的倫理成了殺人的倫理，這顯然是違背了康德所建立起來的對人格的尊重原理，在現實中也很難為人們所接受。」[107]儘管自然權利論者給自己的理論加入相關「補充規定」，如雷根提出人類的生命優先原則，泰勒提出人類五個優先原則（自我防禦原則、對稱原則、最小傷害原則、分配正義原則、補償正義原則）等[108]，但仍然無法使自己從根本上擺脫困境，其中最棘手的難道是如何協調人的利益和動植物的利益之間的衝突，從而遭到學界的廣泛質疑和批評。

---

105 韓立新：《環境價值論》（昆明市：雲南人民出版社，2005年），頁83。

106 王正平：〈深生態學——一種新的環境價值理念〉，《上海師範大學學報》2000年第4期（2000年）。

107 韓立新：《環境價值論》（昆明市：雲南人民出版社，2005年），頁84。

108 韓立新：《環境價值論》（昆明市：雲南人民出版社，2005年），頁83。

哈尼族自然權利觀奉行的是什麼原則呢？讓我們再次回到該族的民間傳說《苦紮紮》上。天神阿匹梅煙對人類做出只有形式上懲罰而不用殺人償命的「公正」判決，是基於這樣的理念：「哈尼人栽田種地是我教會他們的，人不吃飯是不會活的，不叫他們燒山開田，哈尼人不是要餓死了嗎？」這其實反映了哈尼族在處理「人的權利」與「動物的權利」關係上所奉行的「基於差異性的公正原則」，即當人的基本生存權與動物的基本生存權發生了不可調和的衝突時，人類可以依據食物鏈中的層級關係，為滿足生存權而有節制地利用自然，包括獵殺動物。由於人類與動物間在利益訴求、情感表達、思維能力、行為能力、認知能力等方面存在的先天性的差異，決定了人的權利與動物權利兩者間不可能是絕對平等的。然而，哈尼族卻力圖在人的權益與動物權益之間尋找一種相對公平的解決路徑，即在維護自己生存權的同時，通過各種禁忌（如忌食某些動物的肉、忌獵殺某些動物等）、儀式（如「苦紮紮」中將人類「弔起來」、「昂瑪突」中的祭寨神儀式等）和行為（如旱地農作中的輪作墾休、保護神山等），表達對動物生命足夠的尊重及內心深深的歉意，盡力取得被害方——動物的諒解（從上述「苦紮紮」傳說中看，動物們也的確諒解了人類的施害行為，不再一味堅持「殺人償命」），從而體現出哈尼族心中人與動物之間在權利上的公平觀念。哈尼族的這種觀念在另一民間故事《猴子敲石生火》中也得到反映。該故事講：從前，人和動物是好朋友。當時人們住在深山密林裏，靠採集野果充饑。後來一個叫盤賭的人，帶領大家到大石洞裏住。與人相伴的一隻猴子無意地用石頭相互不停地敲著敲著，被濺起的火星燒著了洞旁的枯葉。霎時，整個大地燒起一片火海，大樹全被大火燒死，地上到處躺著被燒焦了的動物。「為了生存下去，盤賭對大家說：『沒有果實吃啦，大家還不如乾脆吃地上的動物肉。』這時，一個叫玉興明的人一聽，就氣憤地指責他：

『我們怎麼能吃動物的肉，這跟吃我們身上的肉有什麼不同的。』無奈，盤賭只好一個人從地上撕下一隻被燒得黃黃的麂子的大腿，閉上眼，狠狠心就猛咬了一口。嚼著嚼著，他直覺得不怎麼噁心了，相反越吃越香。因為人們都不同意吃動物肉，所以，盤賭也生氣地低下頭，一個人悄悄地吃著。人們開始時，都很厭惡地望著他，可是見他越吃越香，就遲疑地像盤賭的樣子，撕下動物的肉，塞進嘴裏吃起來。這樣，人們才知道用火燒過的動物肉是那樣的美味可口。這時，一群沒被火燒死的老熊、老虎、麂子、馬鹿剛路過，看見人正在吃它們同類的肉，就生氣地問：『你們為什麼吃我們動物肉？』人們無奈地回答：『唉，沒有辦法呀，果子搞不到啦，不吃你們的肉，我們人就要滅亡啦。』動物一聽，嚇得離開了人群。從此，動物看見人就怕去傷害它們，吃它們的肉。」[109]

可見，哈尼族的自然權利觀具體而言就是動物權利觀。哈尼族在處理「人的權利」與「動物的權利」關係上所奉行的是「基於差異性的公正原則」，其基本要義包括：

（1）人類和生物（動物）都不是世界的「中心」，兩者之間並非一種非此即彼、相互排斥的關係，而是一種並存的、互容的關係。世界真正的「中心」是制約天地萬物的自然法則，用老子的話講就是「道」，用哈尼族的話講，其代言人就是天神阿匹梅煙。

（2）由於生物（動物）與人類是同源共祖的兄弟姐妹和朋友，因而享有與人一樣的權利主體資格，享有與人類相似的權利。

（3）動物的權利與人類的權利存在差異性，並不是絕對平等的。

（4）人類依據自然法則所確定的食物鏈中的層級關係獵食某些

---

109 紅河縣民族事務委員會編：《紅河縣民族民間故事》（昆明市：雲南民族出版社，1990年），頁121-122。

動物的行為是被允許的，但這種行為要秉持「公正」的原則，即遵守自然法則，合理地利用自然。

（5）人類應對自己對自然（包括動物）實施的傷害行為表現出最大程度的愧疚和不安，並通過各種方式（無論是行為層面的還是觀念層面的）表達這種愧疚並盡力彌補這種傷害，以求得受害方——自然的諒解，最終與自然和解。

進而言之，哈尼族已將公正的觀念從人類社會擴展到人與自然之間，顯現出其生態倫理觀超越時空的深邃性。

結　語

一　哈尼族生態文化：民族生態文化的典範

在中國少數民族生態文化的百花園中，哈尼族生態文化是一朵絢爛多姿的奇葩。哈尼族生態文化具有普泛性、傳承性、全族性、實踐性、規約性等特徵，堪稱民族生態文化的典範。

（一）普泛性：是泛及社會生活各個層面的文化

哈尼族生態文化泛及社會生活的各個層面，形成了由生態物質文化、生態制度文化、生態觀念（精神）文化有機組合而成的獨特的生態文化體系。

哈尼族生態物質文化鮮活而多樣。擁有良好生態調適功能的梯田稻作農業無疑是哈尼族生態物質文化的核心和精華，除此之外，哈尼族的服飾（衣）、飲食（食）、村寨的選址和營構（住）等關乎種族繁衍和文明傳承的重要領域都蘊含著豐富的生態文化事項。

為了調節和規範人—社會—自然三者之間的關係，哈尼族創制了具有鮮明生態保護取向的禁忌習俗、習慣法、村規民約、人生禮儀和節日慶典，從而構成了哈尼族生態制度文化。林惠樣認為：「原始的法律不過是由輿論所裁定的風俗而已，故可以釋為『任何社會規則，犯之者由習慣加以刑罰』。」[1]哈尼族以保護自然資源、維繫生態平衡

---

[1] 林惠祥：《文化人類學》（上海市：上海商務印書館，1934年），頁159。

為目的的禁忌習俗、習慣法和鄉規民約，其實就是哈尼族傳統社會中的環境保護法。

哈尼族以尋求人與自然和諧共存為指歸的文化觀，將人、神與自然視為相互有著密切聯繫的有機整體的宇宙觀，以自然崇拜為核心的宗教觀，以及以人類與自然萬物「同源共祖」這一認知範式為基石而形成的生態倫理觀，構成了哈尼族生態觀念（精神）文化。這種生態觀念（精神）文化實質上就是哈尼族處理人與自然關係的指導思想。

生態物質文化、生態制度文化、生態觀念（精神）文化有機聯繫、互滲互融，交織而成一張「文化之網」，哈尼族處理人與自然關係的所有意識和行為都被這張巨網所籠罩。

（二）傳承性：是從未被割斷的文化

哈尼族生態文化經歷了一個產生、發展、演化的過程，如果以唐代後期在哀牢山區形成「蠻治山田，殊為精好」[2]的梯田稻作文明作為哈尼族生態文化定型的標誌，至今已有一三〇〇多年的歷史。在這千年的歷史長河中，作為哈尼族文化有機組成部分的生態文化得以代代相傳，從未中斷。以作為哈尼族生態文化典型代表的梯田為例，至今總面積達一四〇萬畝的梯田（據不完全統計）乃是哈尼族世世代代「接力棒」式辛勤開鑿的結果。在具有鮮明「前喻文化」特徵的傳統社會中，每一代哈尼族都懷著一種敬仰和感恩的情懷傳遞著上輩人遺留下來的生態文化成果，並精心加以呵護和傳承，不敢隨意破壞，如元陽縣小新街鄉者臺村的者臺大溝開挖於一六九〇年，至今已有三〇〇多年的歷史，但仍是溪水潺潺，水溝兩側植被良好，村民仍受其恩澤。[3]其實，何止是梯田，村寨上方一片片黑壓壓的被視為神山的原

---

2 〔唐〕樊綽：《蠻書・雲南管內物產》。
3 黃紹文調查，詳見本書第三章第四部分。

始森林、各個村寨大小不等的寨神林、村寨中一口口清潔的水井等生態文化景觀以及維繫人與自然和諧共存的一整套制度體系和觀念系統，都在千百年的歷史長河中得以精心傳承。正是這種令人驚歎的傳承性導致了哈尼族生態文化深厚的歷史積澱和豐富的文化內涵，使得這棵「文化之樹」根深葉茂，碩果累累。

（三）全族性：是全民族共創共用的文化

　　哈尼族傳統社會並非是典型的分層社會，[4]也就是說，整個社會並沒有被明晰地劃分為精美階層和大眾階層。儘管被視為神靈代言人和智慧化身的咪谷和莫批是哈尼族群體中的「精英分子」，扮演著哈尼族文化傳承者的角色，在很大程度上擔負著指導哈尼族生存活動的重任，但是他們平日裏與其它村民們過著一樣的生活，一樣需要耕田種地、餵養牲畜、操持家務。因而仍然是大眾之一分子，咪谷便是直接從村民中選舉產生的。因而哈尼族文化並未被完全割裂為精英文化和大眾文化，哈尼族傳統社會的政治模式也不是精英決策、民眾服從的模式。進而言之，哈尼族生態文化絕非是某個精英階層或某幾個「精英」建構的文化體系，也不是某個精英階層或某幾個「精英」將自己建構的文化體系灌輸到大眾中的產物，而是全體哈尼族人民共同創造、共同享有的文化。每一位哈尼人既是哈尼族生態文化的創造者，又是哈尼族生態文化的傳承者和享有者。由於哈尼族生態文化是「內生型」文化，因而這種文化已經內化到全民族的集體無意識之中，進而演化為一種生活方式和生活態度。對於哈尼村民來說，植樹種竹、保護森林、保護水源是自然而然、天經地義、「我自為之」的事，不用動員，無需說教。

4　哈尼族傳統社會有一統治階層——土司，但土司更多時候充當了一方土地和財富的所有者的角色，村寨享有充分的管理權和高度的自治權，形成一個運行良好的自組織系統，因此可以稱這樣的社會為「村寨社會」。

（四）實踐性：是在生產生活實踐中逐步積累的文化

與以老莊為代表的注重直覺體悟的東方古代生態智慧不同，哈尼族生態文化不是來自幾位哲人的玄思妙想，而是直接來源於哈尼人民的生產生活實踐，是哈尼人民為現實種族繁衍和文明延續的崇高目標，在上千年的漫漫歷史歲月中，通過對深奧的自然規律和生物共同體的有機秩序的切身體悟，真切地把握人類生存之道與自然界的有機聯繫而逐步積累起來的生存智慧。儘管這種文化由於缺乏所謂精英階層的理論演繹和歸納而最終沒能形成一個系統完備的生態文化理論體系，但這絲毫不影響這種被樸素外衣所包裹的文化所具有的穿越時空的恒久生命力。大眾在生產生活實踐中創造的文化才是最可靠、最值得景仰、最具生命力的文化。哈尼族的先輩們從來沒有聽說「生態平衡」、「可持續發展」之類的動聽詞彙，但他們懂得山的頂部那片黑壓壓的森林是神林，動不得一絲一毫，因而才有「山有多高，水有多高」；他們懂得節制貪欲，有所為有所不為，給自然（森林）留下一片生存空間，因而才能水土可保、清泉長流；他們懂得協調「自然需求」與「人類需求」的關係，劃定薪炭林、栽樹種竹，讓人與自然「雙贏」。他們採用木刻分水使水資源得以合理分配；採用水沖肥讓每一塊梯田得到滋養。哈尼族先輩們沒有留下任何載諸紙牘的生態學著作（他們甚至是一個無文字的民族），卻將生態學原理淋漓盡致地鐫刻在每一塊梯田、每一片森林、每一條溪河中，鐫刻在整座大山上。其實，他們鐫刻的何止是生態學原理，而是人類永恆的生存之道。[5]

---

5 「農業學大寨」就是官方運用公權力以運動的形式強制推行國家意志的典型，結果造成了一場深重的生態災難。據黃紹文調查，哈尼族地區「學大寨」時期砍伐了大片森林，最終「大寨田」變成了「雷響田」。如元陽縣者臺村在寨子東南方海拔一

（五）規約性：是具有很強約束力的文化

　　哈尼族生態文化是一種適應性文化，「是適應民眾集體心理和生存需要的相對穩定的模式。這種模式的穩定性和約定俗成，使它具有不成文法的強制或約束力量」。[6]這種強制力或約束力既來自由禁忌習俗、習慣性、村規民約所組成的生態制度文化，又來自以宗教信仰為主幹的生態觀念（精神）文化。有學者認為，「我國西部的民族傳統文化，實質上是一種宗教性文化占統治性地位的傳統文化」。[7]哈尼族生態文化同樣被塗抹上了一層較為濃厚的宗教油彩。正因如此，它對人們的強制或約束力便被大大強化甚至神化。例如，哈尼族會將特定區域內的大山、森林、樹木、龍潭、水井等自然物視為神靈的棲息地、載體或化身，並通過各種各樣全族性的祭祀強化其在全族人心中的神聖性，這些神山、神林、神樹、聖水因此而受到嚴格保護。以寨神林為例，由於一年一度全寨人參與的盛大的「昂瑪突」（漢語意譯為「祭寨神」）儀式，使得寨神林成為全寨人心中的「神聖空間」，具有聖神不可侵犯的地位，因而受到嚴格保護。據不完全統計，僅元陽縣哈尼族寨神林就有四三一座，大者三十至五十畝，小者一至三畝，幾乎都是鬱鬱蔥蔥，呈現出原始森林的生態景觀。而墳山由於被視為祖先靈魂的棲息地，其森林植被也受到很好的保護。

　　總之，哈尼族生態文化既源遠流長，又豐富深邃，值得我們去沉思、去體悟、去研究。

　　六〇〇米的地區砍伐一片森林後，造出約一〇〇畝的「大寨田」，結果由於水熱條件不足，收割的水稻三分之二為秕穀。詳見本書第三章第二節。

6　鍾敬文：〈民俗文化學發凡〉，《北京師範大學學報》1992年第5期（1992年）。

7　蕭萬源、張克武主編：《中國少數民族哲學‧宗教‧儒學》（北京市：當代中國出版社，1995年），頁303。

二　哈尼族傳統生態文化的變遷與現代調適

　　涵化是文化變遷理論中的重要概念，美國人類學家稱之為
acculturation。由於「涵化」一詞古奧難懂，有人將 acculturation 一詞
翻譯為「文化移入」或「文化接觸」。因此，這裏所用的「涵化」與
英國和受其影響的亞、非、大洋洲的人類學家使用的「文化接觸」
（culture contact）含義是相同的。赫斯科維茨在《涵化——文化接觸
的研究》一書中，重申了他和 R・雷德菲爾德及 R・林頓在《涵化研
究備忘錄》中對涵化所下的定義：「由個別分子所組成而具有不同文
化的群體，發生持續的文化接觸，導致一方或雙方原有文化模式的變
化現象。」[8]所謂文化接觸是指兩種以上完全不同的文化系統互相接
觸，經過一段長時間接觸後，彼此相互採借、適應而引起原有文化的
變遷。但通常情況下，文化態勢強者更深刻地影響文化態勢弱者。

　　哈尼族文化經歷了一個與漢文化為主體的異質文化長期相互接觸
的過程，在這個過程中，可以明顯地看到文化接觸對哈尼族生態文化
變遷的影響。我們把二十世紀中國境內哈尼族傳統生態文化的變遷大
致劃分為三個階段：

　　第一，自然狀態階段。在二十世紀五〇年代初期以前，由於江
河、大山的阻隔，哈尼族所處的哀牢山和無量山區的交通、信息極為
封閉，哈尼族社會處於自給自足的自然經濟狀態，與外界接觸比較
少，雖然有少量的馬幫商業貿易和土司層面的漢文化接觸，但是，人
員、信息、技術流動所帶來的文化接觸，還不足以推動文化的變遷，
因而哈尼族傳統生態文化仍然處於穩定的自然狀態，其中維持了千餘

8　黃淑娉等：《文化人類學理論方法研究》（廣州市：廣東高等教育出版社，1998年），
　頁215-216。

年的梯田稻作就是傳統生態文化系統的經典案例。因此，二十世紀五
六十年代深入到哈尼族地區的外來幹部視哈尼族梯田為「衛生田」，
存在「不施肥」、「不懂科學種田」等一系列的問題。其實這是對哈尼
族梯田生態系統缺乏深入調查的一面之詞。

　　第二，社會制度變革階段。這個階段是二十世紀五〇年代至八〇
年代初期，這一時期推動哈尼族生態文化變遷的主要動因是社會制度
的變革。中華人民共和國建立後，隨著土地改革、「大躍進」、人民公
社化、家庭聯產承包制等農村體制的變遷，改變了民族地區原有的政
治制度和經濟體制，政治上、經濟上、文化上由上而下的種種變革對
哈尼族長期以來形成的生態文化產生了深刻的影響。

　　第三，改革開放階段。二十世紀八〇年代初期以來，隨著家庭聯
產承包責任制的推行以及改革開放，哈尼族生態文化變遷進入了一個
嶄新的階段。特別是進入九〇年代初期，隨著社會主義市場經濟體制
的建立和哈尼各地的對外開放，經濟、文化、商品等信息不斷湧入哈
尼族山寨，電視機、錄影機、DVD、電話機等電子信息產品相繼在哈
尼族地區落戶，以漢文化為主體的各種異質文化特質以不同方式、不
同程度不斷地在哈尼族地區傳播。這一階段也可視為全球化語境下的
哈尼族傳統生態文化的變遷過程。以下就第二、三階段的哈尼族傳統
生態文化變遷及其所面臨挑戰的主要問題作一探討，並提出應對變遷
的現代調適措施。

（一）制度變革對哈尼族傳統生態文化變遷的影響

　　中華人民共和國成立以來，和平協商土地改革、「大躍進」、人民
公社化、「文化大革命」等社會制度的變遷和連續不斷的政治運動，
對哈尼族長期以來形成的傳統生態文化機制的變遷產生了深刻的影
響，主要表現在以下兩個幾方面。

1 制度變革對哈尼族傳統農耕生態秩序的影響

　　一九五六年哈尼族地區進行和平協商土地改革，廢除了封建地主土地私有制和土司世襲制。從此，廣大農民獲得了土地，接著建立生產合作社。在土地改革之前，無田或少田的貧民雖然給土司、地主耕種農田，但以戶為單位生產，很少有大集體的形式出現。合作社建立之初，雖然打破了以戶為單位的生產方式，農民剛獲土地，互助組生產資料私有，集體勞動，個體經營。因此，沒有影響生產積極性。但是，農業合作化的基礎尚未打牢，在一九五八年「大躍進」號角聲中哈尼族地區實現人民公社化，哈尼族地區的林業，即公有林、集體林、神林、風景林、私有林統統入社管理，生產生活上實行所謂「組織軍事化，行動戰鬥化，生活集體化」的管理方式。生活上以管理區為單位辦公共食堂，提倡「吃飯不要錢」，但吃的是山茅野菜，許多人由於營養不良而患水腫病。生產管理上由公社統一指揮，抽調農村大量勞力去毀林開荒，「大煉鋼鐵」，造成農耕勞力散失，莊稼成熟無人收割，稻穀黴爛在田裏。其結果是一九五八至一九六〇年連續三年糧食大減產，成為「三年困難時期」。一九六〇年九月解散公共食堂，調整農業體制，提倡辦小社、辦互助組。一九六四年恢復農業生產合作社，一九七〇年，恢復人民公社，下設生產大隊，生產隊重新實行大集體生產。生產組織形式的反覆變化，導致維持了上千年的哈尼農耕生態機制無所適從，雖然梯田等農業生產一直未停止，但傳統的農耕技術、耕作制度、農耕祭祀等相應的生態機制受到嚴重衝擊，由此，打亂了千百年來形成的農耕生態秩序。

2 制度變革對哈尼族傳統生態理念變遷的影響

　　一九五〇年以後，哈尼族地區適宜開墾的土地已開成梯田，只剩下水源缺乏的旱地，這些旱地都是輪歇坡地或荒坡地帶，土質相對貧

瘠，這些土地就成為「大躍進」、「農業學大寨」所開挖梯田的對象。指揮者不考慮水源問題，號召遍地開荒，並提出當年開田當年靠雨水栽秧的「思路」，叫「現開現栽」田。其結果，這些新田開出來後嚴重缺水，開墾過程中也不講究傳統開田的生態程序，雨季來臨到處塌方。從實際調查可知，哈尼族開墾梯田是講究生態理念的，開始時在坡地上刀耕火種旱地作物，將生地變熟地，然後將熟地坡改臺地，坡改臺地的時間是每年收割完至整個冬季，在臺地上種幾年旱地作物，使生土盡可能熟化，也是選擇冬季將臺地壘築田埂開成水田。由於冬季土質乾燥，容易開挖，哪裏滲水，也看得清楚，並可即時補漏加固，灌滿水養田，第二年春季就可犁翻栽插。而「大躍進」時期，趕的是數量和速度，不講求季節，一年四季都開田，特別是為了學「大寨田」，不惜砍伐森林，也不遵循地勢彎曲順勢而開挖，人為把田埂拉直，結果承受壓力集中，才挖好的梯田第二天田埂就倒塌。現今哈尼梯田中的部分「雷響田」，即等到雨季來臨後才能栽種的田，就是這一時期開挖的田。讓人痛心的是不惜砍伐森林造「大寨田」，如，元陽縣者臺村，由於當年能開梯田的緩坡山梁被祖先們早已開滿了田，為了造大寨田，無奈在寨子的東南方海拔一六〇〇米的地方砍伐一片森林後，造出了約一〇〇畝的「大寨田」，類似這樣造田不止是者臺村，幾乎村村寨寨都有「大寨田」。[9]

　　從紅河南岸哈尼族的分佈區域來看，長期以來維繫哈尼族生態文化的森林生態系統在從「大躍進」到「文化大革命」的多次運動中遭到嚴重破壞，茫茫林海以前所未有的速度消失，森林覆蓋率的下降異常驚人。如元陽縣的森林覆蓋率從一九四九年的百分之二十四下降到

9　黃紹文、廖國強：〈農村體制變遷對哈尼梯田及生態的影響〉，《雲南民族大學學報》（哲學社會科學版），2009年第1期（2009年）。

一九八五年的百分之十二點九，綠春縣的森林覆蓋率從一九五七年的百分之七十下降到一九八五年的百分之二十一，紅河縣的森林覆蓋率從一九五六年的百分之六十下降到一九八六年的百分之十三點六。但可喜的是，至二〇〇八年，上述元陽、綠春、紅河三縣的森林覆蓋率分別上陞到了百分之四十二點五、百分之六十、百分之四十九點六。

（二）全球化語境下哈尼族傳統生態文化面臨的挑戰

全球化源於經濟全球化，它是指全球範圍內一些文化因素流動對於不同區域、不同民族產生的影響，也是不同區域、不同民族之間的相互影響，以及不同地區、不同民族之間的文化在全球層面上的流動對其它地區和其它民族的影響。也就是說，全球化語境下的文化是一種互相影響的互動關係。[10]

改革開放以來，中國的農村發生了前所未有的變遷。由於市場經濟、人口大幅度增加、農村勞務輸出等諸多方面的影響，哈尼族傳統生態文化也面臨著嚴峻的挑戰。歸納起來主要表現在以下幾個方面：

1 傳統觀念的變化對傳統生態文化的影響

改革開放引發的文化變遷對長期以來形成的哈尼族傳統生態文化發生著深刻的影響，如果說二十世紀五〇年代至七〇年代末期的文化接觸打破了長期以來封閉的哈尼族社會的話，那麼改革開放三十年則促使哈尼族社會全面開放，促使傳統生態文化面臨著嚴峻的挑戰。如梯田農耕技術是哈尼族千百年傳承下來的治家本領，在家庭聯產承包責認制實行以來的前十年裏，年輕的哈尼人一絲不苟地學習前輩的耕作技術。按哈尼族傳統衡量年輕人的人才標準，小夥子帥不帥，不是

---

10 鄭曉雲：〈論全球化與民族文化〉，《民族研究》2001年第1期（2001年）。

要看他的相貌，而是要看他的耕田技術如何，如果小夥子是犁田、耙田、壘築田埂、鏟田埂的能手，就會得到大眾的稱讚，也就會贏得姑娘們的青睞。同樣，姑娘美不美，要看她栽插時節蜻蜓點水似的栽秧技術。

但是，通過十年家庭聯產承包責任制後，長期以來困擾人們的溫飽問題已基本解決。同時市場經濟主導下的社會，以漢文化為主體的異質文化不斷湧入哈尼山寨，電視、DVD、電話、流行服裝、流行歌曲、交際舞等外來文化極大地吸引著年輕人，於是他們不再滿足於曾讓祖祖輩輩魂牽夢縈的梯田故土，紛紛走出大山，將求財作為首選目標。漢文化為主體的一元化學校教育迫使哈尼族的年輕人徹底改變傳統觀念，二十世紀九〇年代以來的哈尼族高中、初中、小學畢業生，少數人升入高一級學校，大部分人回鄉務農後對傳統梯田耕作毫無興趣，更不願意學習耕作技術，他們對傳統古歌、情歌、舞蹈也不熱衷，而是追求時尚的流行歌、交際舞，他們雖然也會參加傳統禮儀活動，如喪禮、婚禮、祭寨神等，但他們的腦子裏沒有多少傳統生態文化的內容。在他們的影響下，即使沒有上過學的年輕人，男的仍然不願去學耕作技術，女的不喜歡學紡織、繡花等傳統服飾工藝。年輕姑娘由於不會繡花，就在自己的服裝上貼上一些從市場上購買的花邊，土不土，洋不洋，有的甚至就改穿漢裝。因此，哈尼族傳統生態文化的傳承出現了問題，今天活躍在梯田裏的大都是四十歲以上的中老年人，甚至七十多歲的人還不得不犁田耙田。

2 「科學種田」的話語霸權對梯田生物多樣性的影響

實行家庭聯產承包責任制後，分配上實行「完成國家的，上交集體的，剩下都是自己的」的激勵機制，徹底改變了幹多幹少一個樣，幹好幹壞一個樣的平均主義思想，農民的生產積極性空前高漲，精耕

細作自己的責任田。二十世紀八〇年代起哈尼梯田引進外地品種，促使耕作制度發生變化。其中雜交稻的籽種、育秧、栽插、管理等方面讓長期以來習慣種植傳統品種的哈尼人無所適從。籽種不能自己培育，開始時，政府將籽種無償送給農民，化肥也以優惠價供給。育秧也要求薄膜覆蓋，管理不好容易受倒春寒襲擊，延誤栽插節令。但是，到了九〇代，雜交稻憑藉其產量高的優勢，得到較大面積的推廣，經過實踐，海拔在一三〇〇米以下的哈尼梯田都適宜種雜交稻。

這裏值得關注的是，哈尼族梯田曾經培育出幾百個傳統稻作品種，但在政府宣導種植雜交稻新品種的話語下，傳統品種不斷消失。為了提高傳統品種的產量，哈尼族農民長期以來異地自由交換改良傳統品種，即用自己的傳統品種與其它地方的傳統品種交換耕種，這樣的改良，既沒有改變傳統品種的耕作制度，又能適當增產，也能抑制病蟲害，一定程度上起到了保護傳統品種的作用。但由於所謂「科學種田」的話語霸權，這樣的民間改良品種在哈尼族梯田中又得不到大量的推廣，致使哈尼族梯田文化核心區元陽縣，從二十世紀七〇年代二〇〇多種傳統品種，下降至今整個縣域內還種植的傳統品種不足三十個。在傳統品種中，有不少是米質好、產量也較高的良種，但當地農業部門從來不去改良傳統優質品種，而是一味引進外來雜交稻等新品種，致使許多優質傳統品種消失。這對維護梯田稻穀生物基因和生物多樣性是一大損失，也是對世界農業的一大損失！

3 人口大幅度增加，生態環境承載力加大

二十世紀八〇年代以來，隨著邊疆民族地區醫藥知識的普及和醫療條件的改善，哈尼族地區人口有了大幅度的增加，人口環境承載力成為傳統生態文化面臨的挑戰問題。以紅河南岸哈尼族為主體的元陽、綠春、紅河三縣為例，元陽縣一九四九年全縣總人口八點八六萬

人，到二○○八年就增加到三十九點五七萬人；綠春縣一九四九年有人口約四點五萬人，二○○八年達到二十一點九六萬人；紅河縣一九五三年有人口十點三四萬人，到二○○八年有人口二十八點七八萬。五十多年時間，人口分別增長了四點四、四點九、二點八倍。

歷史上，哈尼族對寨址自然生態環境的選擇是十分講究的。寨址上方要有茂密的森林，要有地勢相對低平的凹塘，周邊要有泉水叮咚響。但隨著人口的增加，人們選擇定居的場所也不能那麼挑剔了。由於能開發的地方都得到了開發，人們不得不到條件並不優越的地方安寨定居。如高山區移民到下半山區定居開發熱區地帶，在這些地方，由於寨頭沒有森林水源，不僅影響到他們傳統的梯田稻作生計方式，更影響了傳統祭祀神林等生態機制的傳承。

更為嚴重的是，人口的增加意味著對糧食需求的增加，對住房空間需求的增加，對生活能源薪柴燃料需求的增加等一系列的生態環境問題。這些自然資源的需要都是剛性的，沒有緩衝餘地。人口翻倍增加對糧食需求量增加使哈尼梯田生態不堪重負。以元陽縣為例，十九萬畝梯田，以平均每畝產量四○○千克計，共計產糧七六○○噸，但人均只有○點四八畝梯田，人均只有一九二千克糧食。農村人口每年人均糧食實際消費三○○千克，故至少每人糧食缺口一○八千克。因此，數以萬計的哈尼人不得不離開養育祖祖輩輩的梯田故土，紛紛走向城市以打工為生計，雖然一定程度上緩解了梯田生態的壓力，但又出現了梯田農耕技術的傳承問題。因為外出打工的都是十六至四十歲的農村青壯年勞力，所以說，哈尼生態文化面臨著諸多連鎖問題。

4 「無神論」話語主導下哈尼族傳統信仰體系的鬆動

一九五八年，在「人定勝天」和無神論思想主導下，非理性的「大煉鋼鐵」除了使國有林和集體林遭到嚴重砍伐以外，長期以來哈

尼族憑藉萬物有靈的神林信仰保留下來的寨神林和風景林也未逃脫厄
運。據調查，一九五八年在元陽縣小新街鄉者臺村「大煉鋼鐵」的民
工有二四〇〇多人，是當時全村人口的五倍，其中到原始森林中砍伐
燒炭「大煉鋼鐵」的每天有一四〇〇多人，煉鐵的爐子有六大口。在
這樣的背景下，者臺村的寨神林、村寨周邊古木樹風景林也在「大煉
鋼鐵」中一一消失。如者臺村寨神林位於村落上方，面積約五十畝，
到一九五八年底，古木參天的神山樹林已經化為光山禿嶺，於一九五
九年改變其利用方式種植玉米，由於當時無神論的宣傳，不允許村民
進行長期以來舉行的祭神林活動。直至一九八一年，神林祭祀活動才
得以恢復。但人們的思想觀念發生了較大變化，對神林已不再是那麼
虔誠地信仰。一九五八年的亂砍濫伐，村民長期迴圈利用的薪柴林已
被砍光，為了生活能源，村民也學著「大煉鋼鐵」的民工向原始森林
進攻而無所顧忌。據調查，一九七〇至一九八一年，除了砍作建築用
材外，每家農戶平均每年砍伐薪柴四立方米，者臺村以一〇〇戶計，
每年僅薪柴就砍伐掉四〇〇立方米的森林，十年毀壞森林四〇〇〇立
方米，森林分佈的下線由五〇年代初海拔一九〇〇米推進到八〇年代
初的二一〇〇。[11]

　　以犧牲自然環境換取經濟發展的思想觀念，改變著人們的生態觀
念和衡量人生價值的標準，致使年輕的哈尼人對自然崇拜逐漸淡化，
哈尼族傳統神靈信仰的文化結構也陷入危機。比如，筆者在元陽縣梯
田核心區箐口哈尼民俗村作田野調查時發現，該村的神林祭司「咪
谷」，由於家境相對貧困，有的村民表面上對其是有敬意的，但除了
節慶祭祀活動期間有「德高望重」的尊嚴外，平時在村社管理中的聲

---

11 黃紹文、廖國強：〈農村體制變遷對哈尼梯田及生態的影響〉，《雲南民族大學學報》
　　（哲學社會科學版），2009年第1期（2009年）。

音很微弱。經常外出打工的年輕人，特別是小學以上文化程度的年輕人，既不推崇傳統文化及其管理方式，又不服代表政府組織的村民小組領導。因此，哈尼族社區的生態管理處於兩難境地。總體而言，以梯田稻作文化為核心的哈尼族精神文化的主題就是和諧，這種和諧反映在生產生活上，就是人與自然的和諧；反映在精神生活，就是人與自然神靈的和平共處。而今，這種和諧關係遭到一定程度的破壞。

綜上所述，從二十世紀五〇年代至七〇年代末，在「大躍進」、人民公社化、「文化大革命」等連續不斷的政治運動衝擊下，受無神論及破除「迷信」等官方意識形態的強烈干預，哈尼族傳統生態文化機制均被塗抹上強制性的政治色彩而產生嚴重扭曲和變形，傳統文化的精華與糟粕均被列為革命對象，從而失去了許多優秀的具有進步意義的生態文化。八〇年代後，推行家庭聯產承包責任制，極大地激發了廣大農民的生產積極性，使長期在溫飽線上掙扎的農民擺脫了困境，特別是九〇年代後，隨著社會主義市場經濟體制的建立和完善，學校教育的全面改善，進城打工的誘惑力，鄉村旅遊業的興起，使得哈尼族社會由一個半封閉的、自我迴圈的社會，脫胎而為開放的、多元的、複合型的社會。內外部多種因素的交互作用引發了哈尼族社會文化的變遷，從而使作為哈尼族傳統文化的有機組成部分的傳統生態文化也面臨著嚴峻的挑戰。

（三）哈尼族傳統生態文化的現代調適

在中華民族多元一體格局下，漢文化與各少數民族文化的接觸與吸納，是無法迴避的現實問題。因此，置於全球化語境下的哈尼族傳統生態文化，在社會經濟迅猛發展、信息革命不斷深化的過程中，必須建立其發展的生態適應機制，其現代調適機制主要有兩個方面。

首先，哈尼族生態文化調適的內部接受機制。所謂哈尼族生態文

化調適的內部機制是指異質文化的衝擊引發的文化變遷過程中有篩選
地吸納外來文化的各種生態特質，來豐富和發展其身的生態文化特
質，以達到其文化和諧和可持續發展為目的的文化內部的生態整合過
程。一個民族適應異質文化的內在接受機制，主要包括民族傳統文化
在現實生活中的價值、群體規範對個人行為具有調控能力的價值，以
及不同個體行為活動均具有向外「他者」展示和導向作用等因素。民
族傳統文化在現實生活中的價值主要是指其傳統文化模式能對該民族
現時生活需要起到滿足的程度，一個越是能滿足本民族現實生活需求
的傳統文化模式就越體現其生命力和可持續發展。[12]因此，只有將哈
尼族傳統生態文化模式調適到一個能充分滿足人們現實生活需求的層
面上，才能使其生態文化在全球化語境下，繼續保持該民族傳統生態
文化精華，同時吸納、採借異質生態文化的有用特質，使其注入新鮮
的血液後充滿積極向上的文化生命力。群體規範對個體行為的調控作
用集中體現在當個體成員的觀念和行為符合群體需求的時候，個體成
員的言行就會受到人們的擁護和讚賞。反之，則要受到群體的譴責和
處罰。隨著哈尼族地區改革開放和教育文化事業的發展，到各級黨政
機關工作、到外地求學、就業的人會日益增多，這些人在全球化、城
市主體文化的影響下深感民族文化的危機，民族自覺、民族認同感得
到了加強，他們在自己的家鄉或在城市生活行為，對哈尼族群體和特
定社區的人們調適外來生態文化的行為必然會起到積極的導向作用。
因此，在全球化語境下，哈尼族傳統生態文化仍然得以復興，其中，
可視為民族生態文化範式的「紅河哈尼梯田景觀」於二〇〇七年十一
月被中國列入國家濕地公園；「哈尼稻作梯田系統」二〇一〇年六月
被聯合國糧農組織正式列入世界農業文化遺產；二〇一二年一月，經

---

12 黃紹文：《諾瑪阿美到哀牢山——哈尼族文化地理研究》（昆明市：雲南民族出版社，
　2007年），頁87-88。

國務院批准,「紅河哈尼梯田文化景觀」被正式確定為二〇一三年中國政府向世界文化遺產委員會申報項目。這些都是在哈尼族地區的各級政府層面,甚至上陞到了國家層面來調適哈尼族生態文化變遷的典型個案,這對哈尼族人民守住自己傳統優秀的生態文化將起到了積極的推動作用。

　　其次,哈尼族生態文化調適的外部機制。所謂文化調適的外部機制主要是指全球化帶來的異質文化能給民族生存發展提供的客觀需要和文化心理需求,以及異質文化與民族傳統文化接觸時間的長短、遠近等因素。這些因素是影響少數民族適應異質文化的客觀外在條件,即外部整合條件。當一種外來的文化傳播與接觸充分滿足了該民族生存發展的客觀現實需求和文化心理需要,該民族對這種外來的異質文化傳播就會抱以友好、接納、借鑒的態度,並從中吸納有益的成分,達到整合效果。反之,則會遭到敵視和冷遇,達不到整合效果。[13]生態文明是黨的十七大提出的科學發展觀的基本要義之一,黨的十七大六中全會通過的《中共中央關於深化文化體制改革、推動社會主義文化大發展大繁榮若干重大問題的決定》,吹響了中華民族文化偉大復興的進軍號角,給哈尼族傳統生態文化的現代調適提供了有利的外部條件。近年來,哈尼族各地相繼採用「民族生態文化村」的模式對傳統生態文化進行保護,特別是隨著哈尼族地區旅遊業的發展,民族文化成為有別於城市主體文化的生態資源,也是都市遊客青睞的旅遊資源。因此,哈尼族人民群眾也感到穿民族服裝、唱民族歌曲、跳民族舞蹈、舉辦各種民族節日活動以及共用具有民族特色的飲食佐餐等一系列具有生態意義的傳統文化活動成為一種榮耀和自豪,在一定程度上有意識或無意識地強調和強化了自己的民族身份,也反映了哈尼族

---

13 黃紹文:《諾瑪阿美到哀牢山──哈尼族文化地理研究》(昆明市:雲南民族出版社,2007年),頁88。

生態文化在現代文化變遷中的自我調適，雖然這種調適具有「被發動」和「被引導」之嫌，但它畢竟完成從「要我做」到「我要做」的機制轉換。換言之，在全球化這把「雙刃劍」語境下，居於優勢和強勢地位的異質文化對哈尼族傳統生態文化具有主導性影響，但只要積極應對，文化的接觸和交融就會成為哈尼族生態文化自我認同和自我發展的有利環境和有效外部機制。

餘　論

生態哲學：從「實體中心論」走向「虛體中心論」

──以中國少數民族生態文化為視點

　　人類中心主義與非人類中心主義之爭持續了近二十年，至今仍爭論不休。這場曠日持久的爭論難以平息的一個重要原因是研究領域的狹窄（主要在現代哲學甚或倫理學領域）和所依賴的學術資源的有限性（主要是西方近代以來形成的理論範式和話語系統），缺乏一種多學科綜合審視的眼光和更為宏富的學術資源的支撐。誠如田海平指出的：「人類中心論／非人類中心之爭，作為環境倫理學的兩種典型的道德哲學方案，如果離開了文明、哲學、實踐、人及其生態基礎的整體背景和相互關聯的語境，或者如果偏離了文明史、思想史、人類史和自然史等歷史領域所展示的『垂直線』之『深度』，以及政治、經濟、社會、文化、宗教、法律、教育等知識領域所展示的『地平線』之『廣度』，就會陷入一種抽象的倫理學話語的兩難困境。……環境倫理學不是人類中心論與非人類中心論的兩種『立場』之間的非此即彼，而是對諸種道德世界觀和倫理世界觀的權衡和審視，……。」[1]鑒於此，筆者以中國少數民族生態文化為視點，對何為「中心」的問題作一初步探討，意欲為學術界提供一種新的學術視角和學術資源。

1　田海平：〈環境倫理的基本問題及其展現的哲學改變〉，《天津社會科學》2009年第3
　　期（2009年）。

一　學術界關於「走進」與「走出」人類中心主義之爭

　　二十世紀九〇年代初，在國內生態問題日益凸顯和西方環境（生態）倫理學逐步傳入的雙重背景下，國內一批學者開始反思生態問題產生的思想根源，並將人類中心主義視為引發生態問題的罪魁禍首，余謀昌等一批學者發出「走出人類中心主義」的呼籲，[2]積極宣導一種新的理念——非人類中心主義，並相繼提出一系列新的理論範式，以對抗或消解傳統的理念——人類中心主義，如以主客一體取代主客兩分，以對自然賦予道德和權利主體資格挑戰人的道德和權利主體資格的惟一性和排他性，以自然擁有內在（天賦）價值否定人類在價值世界的中心地位。[3]從而引發了一場持續至今的人類中心主義與非人類中心主義之爭。

　　為了回應非人類中心主義的挑戰，持人類中心主義論的學者一方面對非人類中心主義本身進行質疑和批判，認為自然（包括動物）根本不具備道德和權利主體資格，自然沒有內在（天賦）價值，只有工具價值，人類的利益和價值是評判人類改造自然活動的最高尺度。另一方面提出一系列修正人類中心主義的論點，如應從傳統人類中心主義走向現代人類中心主義、[4]從傳統人類中心主義走向理性人類中心主義、[5]從強化的人類中心主義走向弱化的人類中心主義、[6]從絕對人

2　余謀昌：〈走出人類中心主義〉，《自然辯證法研究》1994年第7期（1994年）。

3　李德順指出：「人是，且僅有人是價值世界的『中心』。」詳見李德順：〈從「人類中心」到「環境價值」——兼說一種價值思維的角度和方法〉，《哲學研究》1998年第2期（1998年）。

4　〔美〕W.h. 墨迪：〈一種現代的人類中心主義〉，《哲學譯叢》1999年第2期（1999年）。

5　吳仁平、彭堅：〈從傳統的人類中心主義走向理性的人類中心主義〉，《求實》2004年第12期（2004年）。

6　葉平:〈「人類中心主義」的生態倫理〉，《哲學研究》1995年第1期（1995年）。

類中心主義走向相對人類中心主義、[7]用「真實人類中心論」取代「虛假人類中心論」，[8]有的學者則提出「要把作為生態倫理綱領之一的人類中心主義和那種破壞生態的人類中心主義區分開來」。[9]

　　與此同時，一些非人類中心主義論者也以對自身觀點的修正來回應人類中心主義論者的質疑，如有的動物權利論者主張用「弱式動物權利論」來修正「強式動物權利論」，認為動物擁有的權利比人類的權利狹窄得多，動物擁有自身利益而非內在（天賦）價值；[10]主張人的權利在自然的權利面前享有優先性，「當自然的權利與人的權利相牴觸的時候，應當優先考慮人的權利」；[11]等等。

　　就在人類中心主義與非人類中心主義爭論不休的同時，一些學者力圖跳出非此即彼的單向思維模式的藩籬，提出一些新的觀點。筆者將之大致概括為以下幾種：

　　一是統一論或整合論。如曹孟勤認為，人類中心主義和非人類中心主義之爭具有「不可調和性及其觀點的不可公度性」，「黑格爾關於人的自由意志是一個否定之否定過程的觀點為走出這種爭論提供了理論依據，馬克思關於人與自然界完成本質統一的思想亦為消解這種對應奠定了理論基礎」，人類中心主義與非人類中心主義「從對立走向統一」是「生態倫理學發展趨勢」。[12]唐葉萍認為，「可持續發展觀超

7　邱耕田：〈從絕對人類中心主義走向相對人類中心主義〉，《自然辯證法研究》1997年第1期（1997年）。

8　穆顏傑：〈論「虛假人類中心論」與「真實人類中心論」〉，《學術交流》2007年第3期（2007年）。

9　李義天：〈生態倫理學的使命與宿命〉，《天津社會科學》2009年第3期（2009年）。

10　陳慶超、陳建平：〈效用與崇高：從動物權利理論看人與自然正義〉，《中州學刊》2007年第3期（2007年）。

11　何志鵬：〈「自然的權利」何以可能〉，《法制與社會發展》2008年第1期（2008年）。

12　曹孟勤：〈從對立走向統一——生態倫理學發展趨勢研究〉，《倫理學研究》2005年第6期（2005年）。

越了人類中心主義和非人類中心主義的局限」，應實現人類中心主義和非人類中心主義二者的價值整合，走可持續發展之路。[13]

二是超越論。如袁振輝、曹麗麗認為，「只有建立在複雜性視野下的發生主體論，即把主體視為由自在主體、自為主體、自覺主體發生發展的演化過程和網路系統，才是超越人類中心主義和非人類中心主義的環境倫理學的新平臺」。[14]李昭新則認為，「馬克思關於人道主義與自然主義、功利主義與超功利主義有機結合的思想，科學地闡明了人與自然的合理關係，消解了當代人類中心主義與非人類中心主義的對立」，從而實現了對人類中心主義和非人類中心主義的超越。[15]

三是去中心論。劉李偉、鄒永圖認為，「『人是自己創建的價值世界的中心』這樣一個命題在邏輯上是一個同語反覆的命題，因而在這個角度上的『人類中心說』是沒有實際意義的」，而「自然中心主義」又具有忽視人與自然、主體與客體的歷史差異性，忽視自然存在與社會存在的必然性，缺乏實踐意義上的現實性等「佯謬」。應拋棄理論上二元對立的「中心論」，從「中心論」走向「主體論」。[16]歐陽志遠則認為，應「跳出孰為『中心』的思維誤區」，「人類改造自然的行為閾值是：不能毀滅可再生資源的再生條件，這個極限使人不可能成為真正意義上的自然界中心」，「人在自然面前應持『人的類存在主義』」。[17]

---

13 唐葉萍：〈論人類中心主義與非人類中心主義的價值整合——人與自然關係的哲學反思〉，《湖北行政學院學報》2007年第3期（2007年）。

14 袁振輝，曹麗麗：〈發生主體論：超越人類中心主義和非人類中心主義——環境倫理學的複雜性視野〉，《江南大學學報》（人文社會科學版）2007年第1期（2007年）。

15 李昭新：〈馬克思對人類中心主義和非人類中心主義的超越〉，《馬克思主義與現實》2003年第2期（2003年）。

16 劉李偉、鄒永圖：〈人與自然：「中心論」還是「主體論」？〉，《廣東社會科學》2000年第1期（2000年）。

17 歐陽志遠：〈從「人類中心主義」到「人的類存在主義」〉，《教學與研究》2009年第12期（2009年）。

　　四是虛假論。鄭紅娥認為，「現代人類中心主義是在現代主義範式中建構起來的」，而「非人類中心主義主要是在後現代主義範式中建構起來的」，「現代人類中心論和非人類中心論只是人類中心主義的兩種不同表現形式，因此關於走入還是走出人類中心主義的爭論，本身就是一個假問題」。[18]而孫道進則認為，「『走進』與『走出』人類中心主義的爭論只是一個『偽爭論』：『走出派』批判的是人『類』中心主義，而『走進派』捍衛的是『人類』中心主義；二者的爭論根本不是在同一個層面就同一個問題在同一個語義平臺上的對話」。[19]

　　以上觀點並沒有彌合或終止人類中心主義與非人類中心主義之爭，按照田海平的說法，這些觀點只是與這「兩種針鋒相對的道德哲學方案」相關的「補充性或替代性方案」。[20]「走進」「走出」人類中心主義之爭仍在持續而激烈地進行著，分歧猶在，爭論猶在，質疑猶在，儘管「從整個發展態勢看，人類中心主義在理論上略占上風」。[21]

　　總觀這場曠日持久的爭論，我們不難發現，人們對人與自然關係的反思幾乎都被限定在近代以來形成的現代主義和後現代主義範式內，所依賴的理論範式、話語系統都主要是西方的或現代的，缺乏更為宏闊的學術視野，因而上述爭論只代表了近代以來受過現代化歷程洗禮的人類（確切地說是其中一部分知識精英）的認識，絕非整個人類的認識。事實上，自人類誕生的那一刻起，人與自然的關係問題就

18　鄭紅娥：〈人類中心主義之爭：一個虛假的問題〉，《哲學動態》2003年第9期（2003年）。

19　孫道進：〈人「類」中心論與「人類中心論」──對人類中心主義的辯證法解讀〉，《貴州社會科學》2006年第2期（2006年）。

20　田海平：〈「環境進入倫理」的兩種道德哲學方案──對人類中心論與非人類中心論之爭的實踐哲學解讀〉，《學習與探索》2008年第6期（2008年）。

21　譚萍：〈對人類中心主義與非人類中心主義的反思〉，《雲南社會科學》2006年第2期（2006年）。

是任何一個民族都要面對的重大問題。世界各民族多樣化的文化背景下必然形成多樣化的關於人與自然關係的認識。在西方或現代認知範式下困擾人類的許多問題，包括兩種中心論之爭的問題，或許在一些生活於傳統社會的民族中根本就不存在。

那麼，在中國許多少數民族關於人與自然關係的傳統認知體系中，何為「中心」？是人類抑或是自然？還是其它什麼東西？

二　中國許多少數民族傳統觀念中的「中心」

如上所及，人類對人與自然關係的認識與特定的認知範式密切相關。也就是說，人類對人與自然關係的認識是個流變的歷史範疇，從這個意義上講，鄭紅娥提出的現代人類中心主義是在現代主義範式中建構出來、非人類中心主義是在後現代主義範式中建構起來的觀點是很有見地的。以人類中心主義為例，人類中心主義並非自古有之，而是近代以來，在由主體與客體分離、人文精神被科學精神所排斥和消解、片面追求自然資源的工具價值、享樂主義氾濫等組成的新的認知範式體系中逐步形成的。

中國少數民族對人與自然關係的認識也有其特定的認知範式。對許多少數民族而言，其認知範式的核心就是人與自然萬物「同源共祖」。人與自然萬物「同源共祖」的觀念是這些民族認識人與自然關係的起點和重要基石。

舉幾個代表性的民族。哈尼族有幾則講述人類與自然起源的神話傳說。其《天、地、人的傳說》講，人類與虎、鷹、龍等動物都是先祖「塔婆」所生的同胞兄妹；[22]《神和人的家譜》講，人類與「會跑

---

22 《哈尼族民間故事》編輯組：《哈尼族民間故事》（昆明市：雲南人民出版社，1984年），頁1。

的野物」、「會爬的野物」、「會飛的野物」都是先祖「梅煙恰」所生的親姐妹；[23]《俄八美八》講，人類與飛禽、走獸、花草、樹木都是先祖「阿妮」所生。[24]苗族古歌《楓木歌》講，楓樹生蝴蝶媽媽，蝴蝶媽媽生人類及其它動物。[25]侗族古歌《人類的起源》也認為，最初的人和動物是兄弟。[26]納西族東巴經神話《署的來歷》講，人類與自然（即「署」）是同父異母的兄弟。[27]儘管各民族傳說中的「共祖」各有不同，甚至同一民族不同支系的「共祖」也各有差異（如有二十餘個支系的哈尼族），但有一點卻是驚人的一致：人與自然萬物（動物、植物等）有一個共同的本源和始祖，都是地球大家庭的兄弟姐妹。

　　神話傳說是這些民族「形象化的歷史」或「保存關於過去的回憶的寶庫」。誠如杜爾幹所說：「神話中祖先的群體正是通過一種精神上的聯繫與社會相互連接的。」[28]在傳統社會中，上述神話傳說中所蘊含的人類與自然萬物「同源共祖」、是同母所生或同父異母的兄弟姐妹的觀念也與神話傳說本身一道被傳承下來，在漫長的生產生活實踐中逐步積澱為一種「集體無意識」，形塑一種「自然萬物皆親人」的基本價值取向。正是在這種人與自然萬物「同源共祖」的文化整體觀[29]

---

23 雲南省民間文學集成辦公室編：《哈尼族神話傳說集成》（北京市：中國民間文藝出版社，1990年），頁7-14。

24 谷德明編：《中國少數民族神話》（上）（北京市：中國民間文藝出版社，1987年），頁334-336。

25 羅義群：〈苗族神話思維與生態哲學觀〉，《貴州民族研究》2008年第4期（2008年）。

26 轉引自寶貴貞：〈少數民族生態倫理觀探源〉，《貴州民族研究》2002年第2期（2002年）。

27 楊福泉：〈略論納西族的生態倫理觀〉，《雲南民族大學學報》（哲學社會科學版）2008年第1期（2008年）。

28 〔法〕E·杜爾幹，林宗錦等譯，林耀華校：《宗教生活的初級形式》（北京市：中央民族大學出版社，2002年），頁307。

29 傳統社會中的許多少數民族秉持的是人類與自然萬物為一體的整體性的「生生不息的生成論世界觀」，人類與自然並未分化。近代以降，人類秉持的是機械構成論的

的指導下，這些民族從未視自然萬物為異己之物、對立之物，而是視之為自己的親人和夥伴。如傣族認為：「森林是父親，大地是母親。」貴州彝族認為：「天為父，地為母，百鳥是友人。」雲南瀘沽湖畔的摩梭人稱大地為「大地母親」。壯族稱土地為「地母」，苗族則稱之為「田公地母」。佤族古歌講：「人類鑽出葫蘆，百鳥是人類的朋友；人類踏上大地，百獸是人類的夥伴。[30]苗族一首民歌唱道：「吃樹上果，穿樹上皮，燒樹上柴，用樹上棒，夥伴喇，夥伴喇，樹是好友哥。」[31]這種「自然萬物皆親人」的觀念在哈尼族中得到最充分的體現。哈尼族稱森林為「親親的阿媽」，稱大山深處人類安寨定居的「凹塘」為「親親的爹娘」，稱水為「親親的水娘」，稱火為「親親的火娘」，稱莊稼為「長子」，稱人為「二兒子」，稱牲畜（指牛）為「小兒子」，稱豬、狗為「兄弟」，稱大田（梯田）為「獨兒子」、「獨姑娘」、「寶貝」……。讓人驚歎的是，哈尼族已用人類社會中形成的親屬稱謂制度來規範和統攝人與自然萬物之間的親緣關係，使這種親緣關係具體化和明晰化。筆者曾根據《哈尼族古歌》、《哈尼阿培聰坡坡》等資料以及前述幾則神話傳說勾勒出「哈尼族『自然大家庭親緣關係圖』」。[32]

在這些民族的觀念中，既然人與自然萬物「同源共祖」，從起源上講是同母所生或同父異母的兄弟姐妹，在世世代代的生息繁衍（既指人類也指自然萬物）中又是親密的親人和夥伴，那麼，人類與自然萬物都不是世界的中心，人類與自然萬物的關係就絕不會是「主人」與「臣子」的關係，就不會是征服與被征服、統治與被統治的關係，

世界觀，世界的原始整體性被拆解和分割了，失去了原始統一性；人類依靠理性，從而失去了對神秘力量的應有的敬畏。

30 劉永堤、陳學明：《葫蘆的傳說》（昆明市：雲南人民出版社，1980年）。

31 楊海濤：〈民間口傳文學中的人與自然〉，《民族藝術研究》2000年第6期（2000年）。

32 詳見本書第八章部分。

而是「一家人」的關係，人類不會自視為自然萬物至高無上的主宰，自然萬物也不會是可以被任意宰制、奴役和盤剝的對象。這些民族視自己為「自然之子」，謙卑而恰當地存活於天地間。不僅如此，人類與自然間也不是主體與客體的關係，人的主體地位或主體性被消解了，主客體之分完全失去了認識論根基，人類與自然成為一個互為主客體的有機存在，按邁克爾・波倫的表述就是：「每一個主體都是客體，而每一個客體也是主體。」[33]

也就是說，這些少數民族既不是「人類中心主義者」，也不是「自然中心主義者」。因而說他們是「非人類中心主義者」未嘗不可。[34]但這裏說的「非人類中心主義」僅僅表明「人類非中心」而已，卻與現代環境（生態）倫理學中所說的「非人類中心主義」大相逕庭：由動物解放論、動物權利論、生物中心主義、生態中心主義等流派所組成的現代「非人類中心主義」其實就是「自然中心主義」。接下來需要追問的問題是：何為「中心」？既然「中心」非人類非自然，那我們就從「實體」探尋轉向「非實體」探尋，從觀念體系中尋求答案。

在介紹和研究中國許多少數民族宗教信仰的論著中，充斥著各種各樣名目繁多的「神靈」。這些「神靈」被人們頂禮膜拜，享有至高無上的神聖地位，因而這些少數民族被描述為「萬物有靈論者」或「有神論者」。對此人們受之泰然、堅信不疑。但一個值得關注的事實是，這些論著是現代學者用現代的漢語話語系統寫成的，「神靈」是漢語的意譯。事實上，這些被漢語意譯的「神靈」在少數民族各自

---

33 〔美〕邁克爾・波倫，王毅譯：《植物的欲望：植物眼中的世界》（上海市：世紀出版集團，上海人民出版社，2005年），頁9。
34 如董淮平認為：「佤族傳統生態觀具有非人類中心主義之向度。」詳見董淮平：〈佤族傳統生態觀的當代解讀〉，《思想戰線》2006年第6期（2006年）。

的母語系統中都有特定的稱謂，理解這些稱謂所表達出的真實含義將有助於我們對少數民族「神靈」的理解。對此我們以哈尼族為例說明之。哈尼族有一重大祭祀儀式——「昂瑪突」（意譯為祭寨神），「昂瑪」被許多人意譯為「護寨神」，但日本學者稻村務通過調查後指出：「如把『昂瑪』的『昂』和『瑪』分開來考慮，『昂』是力量，『瑪』是母親及源，可以將其譯為『力量之源』。」[35]筆者相信稻村務的調查。這種「力量之源」到底是什麼？許多學者認為，「神靈」的出現與自然力有密切關係，是自然力被想像，被塑造的結果。也就是說，「神靈」的「力量」僅指自然力。但哈尼族中的「昂瑪」並不僅指自然力（無論是將自然力理解為自然本身潛藏的力量還是自然影響、支配人類的力量），而是指掌控人類和自然命運的「力量」。哈尼族學者李克忠便指出：「寨神（即「昂瑪」，筆者注）不僅管護全村中的一切生靈，而且還護祐著人畜飲用的水源和土地，使泉水長流不斷，土地久用不竭。」[36]在「昂瑪突」儀式中，人們會進入寨神林中選一棵標直的大樹進行虔誠的祭拜。正如另一位哈尼族學者李期博所說：「哈尼族崇拜『昂瑪』的實質並非寨神林本身，而是『昂瑪』這個護寨之神。寨神林可以說是護寨神『昂瑪』的載體或者說是『昂瑪』的居住場所。」[37]哈尼族通過昂瑪突這一神聖儀式表明，「人類」和「自然」都不是「中心」，「中心」就是「昂瑪」。

---

35 〔日〕稻村務：〈「昂瑪突」——介於村落祭祀與親族祭祀之間的儀式〉，載《第四屆國際哈尼／阿卡文化學術討論會論文集》（昆明市：雲南民族出版社，2005年），頁226。

36 李克忠：〈源自傳統的生態觀——哈尼族傳統文化中的生態理念與生態保護〉，載《第五屆國際哈尼/阿卡文化學術討論會論文集》（昆明市：雲南民族出版社，2007年），頁24。

37 李期博：〈哈尼族民間神祇及信仰研究〉載《第四屆國際哈尼/阿卡文化學術討論會論文集》（昆明市：雲南民族出版社，2005年），頁210。

　　在中國許多少數民族的觀念中，有一統領眾神的至高神，至高神掌管整個人間與自然的命運，[38]眾神則分管具體人群與具體自然物的命運，如水神掌管人與水的命運，土地神掌管人與土地的命運，森林神掌管人與森林的命運……。如是，「神靈」便成為凌駕於「人類」與「自然」之上的「協力廠商」，成為真正的「中心」。因而從此意義上講，這些民族不是「去中心論者」或「無中心論者」，而是堅定的「中心論者」，這個「中心」用現代的漢語話語系統表述就是「神靈」，實則是超越和凌駕於人類與自然之上的、冥冥之中主宰人類與自然命運的一種神秘而又無處不在的「協力廠商力量」的化身。借用漢語話語系統，我們可以稱這些民族為特定意義上的「神靈中心論者」。[39]也就是說，這些少數民族不是「實體中心論」者（即人類與自然都不是中心），而是「虛體中心論」[40]者（即左右和決定人類與自然的「協力廠商力量」是中心）。在這些民族中，不存在「自然順從或敬畏人類」（帶有人類中心主義色彩）還是「人類順從或敬畏自然」

---

38 任何神都是人的創造物，因而只要是神在的地方，都是與人發生關係的場域。如森林神，森林不是神，只是人創造出的神的載體或象徵。因而海德格爾所說「神即自然」是值得商榷的。

39 中國許多少數民族都有各自特有的稱謂來表徵這種「協力廠商力量」。為了行文方便，本文借用漢語系統中的「神靈」一詞統一指代這種力量。這一具有特定意義的「神靈」不同於被視為宇宙自然和世界萬物的創造者的上帝。使用「神靈中心論」的表達確實要冒陷入某種意義上的神秘主義的風險。但本文的主旨不是辨析「有神」還是「無神」、「唯物」還是「唯心」，而是探討在中國一些少數民族傳統觀念中何為世界（宇宙）的「中心」。

40 「實體中心論」、「虛體中心論」是筆者受龐樸關於「一分為三」思維方式的論述的啟發而提出的概念。龐樸將「一分為三」之「三」分為四種形態：三個都是實體、兩實一虛（即兩個實體，一個虛體）、兩虛一實、「正反合」（從時間維度來說）。詳見龐樸：〈從一分為三談中國人的智慧〉，《解放日報》，2005年5月22日。「人類」、「自然」和凌駕於兩者之上的「協力廠商力量」構成了一種「兩實一虛」的關係。無論是人類中心主義還是非人類（自然）中心主義都可稱為「實體中心論」，而以「協力廠商力量」為中心則可稱為「虛體中心論」。

（帶有自然中心主義色彩）的問題，「自然」和「人類」都要順從或敬畏「神靈」，並且只順從或敬畏「神靈」。「神靈」享有不容置疑的神聖地位，全族人都要在她面前謙卑而虔誠地敬拜。這種敬拜儀式代代相傳，強化了族群認同和族群記憶，成為本民族重要的文化象徵符號。對這些民族而言，「虛體中心論」不僅僅是一種倫理觀，還是一種文化觀、價值觀和生態哲學觀。

說這些少數民族並不「敬畏自然」可能會招致廣泛的質疑。但讓我們透過現象看本質，看看他們到底「敬畏」的是什麼。

表象之一：神山、神林、神樹。典型者如彝族撒尼人之密枝林、哈尼族之寨神林、藏族之神山等。幾乎所有的神山、神林中的樹都嚴禁砍伐，甚至連枯樹枝都不能撿，不准人們在裏面打獵和放牧，平時不准人們進入，而神樹也是嚴禁砍伐的。但不能因此就得出結論說這些民族「敬畏自然」，如前所述，他們真正敬畏的是超人類、超自然的「神靈」，而山、林、樹等只是神靈的棲息地、象徵物或載體。[41]這些山、林、樹也不具有「神性」，只是因為它們是神靈的棲息地、象徵物或載體，因而才成為「神山」、「神林」、「神樹」。正如杜爾幹所說：「物體具有的神聖性並不是其所固有的特點：這種神性是外加的。」[42]離開了作為神靈棲息地這一神聖空間，離開了作為神靈象徵物或載體這一特殊身份，則山、林、樹就只是山、林、樹而已。

表象之二：作為圖騰的動植物。凡被視為圖騰的動植物一般都禁止捕殺或砍伐，如果人們迫不得已對之發生了傷害行為，就要舉行種

---

41 誠如有的學者指出的，神山森林是神靈的象徵，其中的動植物都是神靈的使者。詳見李先琨、蘇宗明：〈廣西岩溶地區「神山」的社會生態經濟效益〉，《植物資源與環境》1995年第4期（1995年）。

42 〔法〕E‧杜爾幹，林宗錦等譯，林耀華校：《宗教生活的初級形式》（北京市：中央民族大學出版社，2002年），頁251。

種祭獻儀式，向受害者——動植物表示真誠的歉意，祈求對方的寬恕。表面看充滿對動植物的敬畏，但實質上，這只是將人際倫理拓展到人與作為圖騰的動植物之間的結果：既然這些動植物是本民族的祖先，與本民族有血緣關係，那麼就應當恪守尊重生命權的道德底線，禁止捕殺或砍伐。這是一種泛化了的「親人之愛」（祖先之愛），而非「敬畏」。

　　表象之三：墳山林。作為祖先棲息地，墳山上的一草一木都不能動，因為在許多少數民族的觀念中，祖先的生命已轉化為墳山上的一棵樹、一塊石頭、一片土地、一個動物，這些自然物成了祖先的化身。因而這樣的保護行為也是「親人（祖先）之愛」對自然物的投射。

　　表象之四：對各種動植物的祭拜。這些動植物之所以被虔誠地祭拜，不是因為它們是神的載體、象徵或是本族的圖騰，而是因為它們在少數民族生息繁衍、長途遷徙、安寨定居、文化創造以及抵禦重大自然或人為災害的漫漫歷程中，曾給予人們許多重要的幫助。由於人類將這些動植物視為親人和夥伴，因而將人類社會中的感恩倫理拓展至人與動植物之間，用崇拜、祭獻的方式表達對動植物的感恩情懷。這種感恩情懷在佤族慶祝新房落成後的歌謠中得到較充分的體現：「喝吧！我們喝了不要忘記牛和狗，我們吃了不要忘記火和刀，我們飽了不要忘記竹和樹，我們好了不要忘記山和水。」[43]彝族的跳公節、壯族的榕樹祭拜和青蛙節以及許多民族中的敬狗、敬牛、敬猴、敬鳥習俗就是這樣形成的。[44]這些祭拜活動恰恰反映了人與動植物之間的親密之情。

---

43 趙富榮：《中國佤族文化》（昆明市：雲南民族出版社，2005年），頁216。
44 詳見廖國強：〈樸素而深邃：南方少數民族生態倫理觀探析〉，《廣西民族學院學報（哲學社會科學版）》2006年第2期（2006年）。

　　表象之五：開山種田、砍伐森林前的祭獻神靈活動。貴州、廣西的侗族稱首次剝棕片為「開棕門」。「開棕門」不能站著開，要雙膝跪下，口中念念有詞：「我開棕門，得罪樹神，不敢貪心，只取三層。」廣西大苗山苗族在砍樹之前，老輩人總要先往自己掌心吐口痰，表示唾棄這雙手，傷害樹木是一種罪過。接著要對山神土地公發誓要砍一種百，以求寬恕。土家族砍竹時要說「請原諒」、「不得不砍」、「砍一發十」之類的話。雲南迪慶藏族為了蓋房，需要砍樹，事前必先跪在地上祈禱，向神陳述不得不砍的原因或理由，請求樹神原諒自己的過失。雲南雲龍縣白族上山伐木或喪葬時，一般要用一隻公雞祭獻山神，並念祭詞，意為：我們砍了你的樹，動了你的土，現來酬謝你，請你不要怪罪我們。他們敬畏的不是自然萬物，而是「神靈」。為了滿足生存需求，人類不得不開採自然，從而在客觀上對自然造成傷害。但自然萬物是親人和夥伴的觀念使他們產生深深的負疚感，擔心因傷害自然而遭到懲罰使他們產生深深的恐懼感，因此要向人類和自然萬物的掌管者——山神、樹神、大地神祭獻以求寬恕。而納西族則通過舉行祭祀儀式向大自然神靈「還債」：「納西人把自然視為人一生賴以生存的恩惠之源，是大自然撫育了人類，人的一生欠著大自然很多債。這些債要通過舉行祭祀大自然神靈的儀式來『還債』。」[45]

　　可見，這些少數民族對自然萬物不是敬畏，而是尊重；不是強勢物種對弱勢物種的施捨和同情，而是發自內心的兄弟般、朋友般的情愛和感恩。

---

45 楊福泉：〈略論納西族的生態倫理觀〉，《雲南民族大學學報》（哲學社會科學版）2008
　　年第1期（2008年）。

三　非凡的智慧：啟示和借鑒

在中國許多少數民族的觀念中，人類與自然都不是世界（宇宙）的中心和主宰，真正的中心和主宰是一種超越和左右人類與自然的「協力廠商力量」，其化身就是借用漢語話語系統表述的「神靈」。這種「虛體中心論」的生態哲學觀儘管是少數民族基於神秘力量而產生的樸素信仰，但卻蘊含著獨特而非凡的智慧，給予我們許多有益的啟示和借鑒。

（一）科學智慧：探尋左右人類和自然的「協力廠商力量」

現代生態科學揭示出「生態系統中各要素的相互依賴性、系統整體的平衡性、有機性和整體性。」「整個生態系統猶如一張『無縫之網』，人和其它生物都是網上的一個『節』。」[46]也就是說，從生態科學的角度看，人類與自然萬物（以生物為主體）都不是世界（宇宙）的中心、生態系統的中心。對此葉平指出，「人類中心主義是不科學的，其倫理也是人類主觀的。生態科學是與人類中心論背道而馳的，因為它只能證明物種佔有特定的生態位相互依存構成動態平衡的生態系統，以任何物種為中心都是局部相對的；『整體支配並決定部分』在系統層次上取消了物種中心的可能性」。[47]而劉福森、李力新也承認，「從科學上說，整體決定部分，因而構成生態系的每一個物種（包括人）都不是系統的中心」。[48]這實質上為否棄人類中心主義與非

46　雷毅：〈生態文化的深層建構〉，《深圳大學學報》（人文社會科學版）2007年第3期（2007年）。

47　葉平：〈「人類中心主義」的生態倫理〉，《哲學研究》1995年第1期（1995年）。

48　劉福森、李力新：〈人道主義，還是自然主義——為人類中心主義辯護〉，《哲學研究》1995年第12期（1995年）。

人類中心主義之爭提供了生態科學的支撐。[49]

　　那麼，何為「中心」？古今中外的人類都在苦苦追尋其答案。在中國先秦文化中，人們力圖用「天道」[50]來解釋宇宙的中心；在中世紀的西方，人們將宇宙的中心歸於全知全能全善、掌握宇宙萬物絕對主權的「上帝」。而中國的許多少數民族則以最接近現代科學的方式去尋求這個中心：這個中心不是人類，也不是自然萬物，因為人類與自然萬物是共生共存的「生命共同體」和「利益共同體」，是地球大家庭中的兄弟姐妹和親人、朋友，這個中心是一種左右人類和自然萬物的「力量」，這種力量不單是「自然力」，更不是「人類力量」，也不是兩者的簡單相加，而是凌駕於「自然力」和「人類力量」、左右「自然力」和「人類力量」的「協力廠商力量」，其化身就是用現代漢語系統表述的「神靈」。[51]這樣的認識是有科學依據的。現代生態科學表明，人只是生態系統中的一個物種，由於「整體支配並決定部

49　《韋伯斯特第三次新編國際詞典》對人類中心主義的解釋是：（1）人是宇宙的中心；（2）人是一切事物的尺度；（3）根據人類價值和經驗解釋或認識世界（轉引自葉平：〈「人類中心主義」的生態倫理〉，《哲學研究》1995年第1期（1995年））。至於非人類中心主義，動物或生物顯然不是「中心」，而由人與其它生物組成的生態系統整體也不是「中心」，生態中心主義其實暗含了「生態系統整體是生態系統整體的中心」這種邏輯悖論，是難以成立的。

50　在中國先秦文化中，「道」分「人道」和「天道」。「人道」即人與人的關係的原則，或者說社會關係的原則；「天道」是指自然界的運行規律或宇宙的運行法則。詳見湯一介：〈「文明的衝突」與「文明的共存」〉，《文匯報》，2004年10月24日。

51　許多學者認為「神靈」是自然力被神化的產物；而有學者認為，宗教崇拜的神聖對象——「神靈」「是人性的昇華和放射，並客觀化、對象化而形成的創造性成果」（呂大吉、張世輝：〈宗教是一種社會文化形式〉，《中國民族報》，2004年8月24日）。這些觀點至少對於像哈尼族這樣的少數民族是值得商榷的。這些民族中的「神靈」確如呂大吉所說是「高於人類與自然，並反過來支配人類生活和自然活動，主宰人類命運和自然進程的神聖對象」，但不是人性放大的產物，而是一種力量的化身。

分」，因而生態系統整體的運行規律及顯示的力量就不僅「支配並決定」自然，也「支配並決定」人類。也就是說，中國許多少數民族中的「神靈」僅從生態科學的角度審視實質上就是包括人類在內的生態系統整體的運行規律及顯示的力量（包括遵從規律而得到的護祐力、降福力及違背規律而得到的報復力、懲罰力）的化身。但放至這些民族的整體文化語境中去考察，這種「力量」可能還帶有終極色彩，即是決定生態系統整體運行規律及其力量的一種「終極力量」，類似於中國古代「天道」中的「宇宙的運行法則」。[52]正因為這種力量既無處不在又難以捕捉，因而在科學認識水準相對較低的少數民族傳統社會中，這種力量便幻化成各種各樣的或可敬或可怖的「神靈」，成為人們宗教崇拜的神聖對象。這樣，直覺般的、樸素的科學認識便以宗教信仰的形式表現出來，誠如餘謀昌所說：「當我們涉及生態倫理學時，可以認為它既包含科學，又包含信仰。因為它是作為科學的倫理學知識體系的一部分，但又包含崇拜生命的信仰。」[53]少數民族的這種生態智慧是一種消解了科學與宗教對立、人與自然對立的卓越智慧，可為我們真正超越和彌合人類中心主義和非人類中心主義之爭提供了有益的啟示。

（二）哲學智慧：從「一分為二」到「一分為三」

人類中心主義與非人類中心主義之爭實質上採用的是「一分為二」（將世界分為人類與自然）的思維方法，即「更多的是強調不可兩立、勢不兩立那一方面」，[54]其結果便是人類中心主義與非人類中心主

---

52 這是一個十分複雜、玄妙和高深的問題，有待多學科攜手進行深入研究。筆者僅提出問題而已。

53 余謀昌：《懲罰中的醒悟》（廣州市：廣東教育出版社，1995年），頁76。

54 龐樸：〈從一分為三談中國人的智慧〉，《解放日報》，2005年5月22日。

義的「非此即彼」。然而，無論是人類中心主義還是非人類中心主義
（自然中心主義）均遭到廣泛的質疑，如去中心論（主體論）者認
為，人類中心主義表達的「人是自己創建的價值世界的中心」這一命
題在邏輯上是一個同語反覆的命題，將人與自然的關係變成「中心」
與「服從」、「主人」與「僕役」的關係；而「按照『自然中心主義』
的泛倫理觀，人是否就不再吃動物、進而不再吃植物再進而他甚至不
應該吸進氧氣，呼出二氧化碳？」[55]這種觀點其實已經隱含了人類與
自然都不是世界（宇宙）的中心的意思，顯示出尋找「第三條道路」
的信心和勇氣。其它如統一論（整合論）、超越論、虛假論等觀點均
摒棄了二元對立的思維模式，力圖找到通向人類與自然統一的途徑。
誠如有學者指出的：「無論是自然歸屬於人，還是人歸屬於自然，都
以犧牲一方的本質存在為代價，這都不是真正意義上的人與自然的統
一。」[56]

那麼，人與自然的「本質」或「本性」是什麼呢？對此問題，劉
福森、李力新曾深刻地指出：「自我中心主義不僅是人類的社會實踐
的本性，而且是一切生命的本性。」「事實上在生態系統中每一物種
的活動都是自我中心主義的，即從自身的生存利益出發去處理它同其
它物種的關係。」[57]既然人類與自然都具有「自我中心主義」的「本
性」，兩者必然要在利益博弈過程中產生矛盾和衝突。

如何化解人類與自然之間的矛盾和衝突？中國一些少數民族請出
凌駕於人類與自然之上的「協力廠商」──「神靈」作為仲裁者或調

---

55 劉李偉、鄒永圖：〈人與自然：「中心論」還是「主體論」？〉，《廣東社會科學》2000
  年第1期（2000年）。

56 曹孟勤：〈從對立走向統一──生態倫理學發展趨勢研究〉，《倫理學研究》2005年第
  6期（2005年）。

57 劉福森、李力新：〈人道主義，還是自然主義──為人類中心主義辯護〉，《哲學研
  究》1995年第12期（1995年）。

解者。如納西族《署古》講：人類與自然這對同父異母的親兄弟曾經反目成仇，人類肆意殘害動物、毀林造田，自然則以各種巨大的自然災害對人類實施報復，結果兩敗俱傷。後來在天神的調解下，雙方簽訂了互諒互讓的協約。[58]哈尼族傳說《苦紮紮》講：人類在燒山開田過程中，與動物們發生了尖銳矛盾，最後最高天神阿匹梅煙作出了一個「公正的判決」，人類與動物皆大歡喜。[59]在這些民族的觀念中，凌駕於人類與自然之上的「協力廠商」——「神靈」被視為「正義之神」，是中立的，不會偏袒任何一方，並且會依照「基於差異性的公正原則」[60]來裁決人類與自然間的矛盾。這些民族在處理人類與自然關係上採用的是「一分為三」的思維方法，「一分為三」之「三」指「兩實一虛」，即「人類」與「自然」兩個實體，「神靈」一個虛體。關於「兩實一虛」，龐樸舉了一個既生動又深刻的例子加以說明：「在市場上進行交易的，看上去似乎只有買方和賣方，實際上冥冥之中還有個協力廠商，這個協力廠商在主宰著、控制著、指揮著買賣雙方，它雖然不可見，但確實存在。這在經濟學上被稱為『看不見的手』。」[61]地球上的人類與自然猶如市場上的買方和賣方，「神靈」就是冥冥之中「主宰著、控制著、指揮著」人類與自然這兩個實體的「協力廠商」，就是前述的那種神秘而又無處不在的「力量」的化身，就是那只「看不見的手」的化身。

　　這些民族以「一分為三」思維方法處理人類與自然的矛盾和衝突蘊含著獨特的智慧。從純法理角度看，人類與自然都是利益相關方，

---

58 和品正：〈與山神簽約〉，《山茶・中華人文地理雜誌》1997年第2期（1997年）。

59 雲南省民間文學集成辦公室編：《哈尼族神話傳說集成》（北京市：中國民間文藝出版社，1990年），頁252-255。「苦紮紮」即哈尼族的六月節。

60 中國許多少數民族在處理人與自然的關係上秉持的是一種「基於差異性的公正原則」。關於此問題，可參見本書第八章第五部分。

61 龐樸：〈從一分為三談中國人的智慧〉，《解放日報》，2005年5月22日。

都具有自我中心的本性，因而當兩者發生衝突和矛盾時，以任何一方作為仲裁者或調解者（即使人類以自然的權利「代理人」的身份出現），都不可能作出公正的裁決，最公正的方式便是請出公正的「局外者」或「外星來客」[62]充當法官的角色（當然這只是一種想像中的狀況）。

儘管在現代社會中，我們不可能仍以「神判」的方式來處理人類與自然的糾紛，[63]但少數民族「一分為三」的思維方式仍給我們有益的啟示。作為地球生物中惟一的智慧生物，人類首先應當做的是盡力去研究和探尋冥冥之中主宰人類與自然的「協力廠商力量」，這是一個艱辛的科學探索過程。之後，猶如依據「看不見的手」制定市場公平交易規則一樣，人類應依據「協力廠商力量」制定讓人類與自然互利共贏的公正原則，並將這種公正原則法制化和制度化。同時大力宣揚人與自然萬物和諧共存的生態倫理觀。這樣，科學（「是」）、法律（「必須」）與倫理（「應當」）三管齊下，就有望彌合「是」與「應當」、「人道主義」與「自然主義」、「理論理性」與「實踐理性」之間的裂縫，超越人類中心主義與非人類中心主義之爭，從「實體中心論」走向「虛體（非實體）中心論」，從「一分為二」走向「一分為三」，將人類的智慧轉移到最大限度地實現種際公正上來。

---

62 劉湘溶、李培超曾有這樣的表述：「從局外者（例如公正的外星來客）的立場看，任何一種動物的證明在邏輯上與人類的證明都是等值的。」（劉湘溶、李培超：〈論自然權利──關於生態倫理學的一個理論支點〉，《求索》1997年第4期（1997年））本文借取了他們的表述。

63 現代人嘗試的是另一條路徑，即賦予自然（主要是動植物）以法律地位，讓自然物也能站在法庭上，這些自然物通過代理人與人類「對簿公堂」。始作俑者是美國人克里斯多夫‧斯通。他為支持環境保護團體謝拉俱樂部狀告美國內務部（後者批准了一項影響野生生物生存的開發計劃），於一九七一年撰寫了〈樹能站到法庭上去嗎？〉一文。日本曾於二十世紀九○年代發生了六大「自然的權利訴訟」案。詳見韓立新：《環境價值論》（昆明市：雲南人民出版社，2004年），頁128-141。

四　結論

　　人類對人與自然關係的認識與特定的認知範式密切相關。人類中心主義與非人類中心主義之爭其實就是現代主義認知範式與後現代主義認知範式之爭。中國許多少數民族認知範式的核心是人類與自然萬物「同源共祖」，在他們的觀念中，人類與自然萬物是同母所生或同父異母的兄弟姐妹，是親密的親人和夥伴，人類與自然都不是世界的中心，真正的中心是超越和凌駕於人類和自然之上的、冥冥之中主宰人類和自然命運的一種神秘而又無處不在的「力量」，其化身便是用現代漢語話語系統表述的「神靈」。因而，這些少數民族不是「實體中心論」者（即人類與自然都不是中心），而是「虛體中心論」者（即左右和決定人類與自然的「協力廠商力量」是中心）。這種生態哲學觀採用的是「一分為三」的思維方法，蘊含著獨特而非凡的科學智慧和哲學智慧，為我們反思和超越人類中心主義與非人類中心主義之爭，從「實體中心論」走向「虛體（非實體）中心論」提供了有益的啟示和借鑒。

後記*

　　在中國五十五個少數民族中，哈尼族是人口超過百萬人的少數民族之一，據二〇一〇年全國第六次人口普查統計，中國哈尼族人口總數為一六五萬餘人，在全國少數民族人口排序中位居第十五位，在雲南省少數民族中人口排序第二位，是雲南省跨境而居的少數民族民族之一。在國內主要分佈在雲南省南部的元江——紅河、瀾滄江之間的哀牢山、無量山、南糯山等半山地帶。以行政區域而言，哈尼族主要分佈在紅河哈尼族彝族自治州、普洱市、西雙版納傣族自治州和玉溪市等地。因此，本書的研究範圍主要集中在哈尼族聚居的縣域內。

　　黨的十七大提出的科學發展觀，第一要義是發展，核心是以人為本，基本要求是全面協調發展，根本方法是統籌兼顧，即統籌城鄉發展、經濟社會協調發展、人與自然和諧發展。以梯田稻作文明為核心的哈尼族傳統文化的主題就是和諧，即，人與自然和諧、人與人之間的和諧、人與神靈的和諧。這一文化主題恰好決定了哈尼族認識客觀世界之平等，對待生命之尊貴的行為取向，從而形成「以和為貴」的人生處事原則。同時，在經濟全球化、民族地區現代化、城鎮化、信息化進程的推進中，少數民族文化處於急劇的變遷之中，許多傳統文化不斷消失，許多少數民族傳統生態知識瀕於失傳。

　　這就是我們選定「雲南哈尼族傳統生態文化研究」課題的主要原因。並於二〇〇八年三月將該課題作為國家哲學社會科學基金西部專

---

*　本文為簡體版之後記。

案向全國哲學社會科學規劃辦公室申報。讓我們喜出望外的是，同年八月接到了全國哲學社會科學規劃辦公室的立項通知書。為了使專案盡早實施，紅河學院作為專案經費管理單位，給予了大力支持，隨接召開了開題論證會。爾後，課題組立即進入了緊張的田野調查階段。兩年多來，課題組分別在哈尼族聚居區紅河流域的元陽縣、紅河縣、綠春縣、金平縣、元江縣、墨江縣等以及瀾滄江流域的瀾滄縣、猛海縣等地進行了點面結合的哈尼族傳統生態文化實地調查，並獲得了大量的第一手資料。我們在第一手資料的基礎上，吸收前人研究的成果撰寫出三十萬字的研究報告，於二〇一一年十一月經雲南省社科規劃辦提交到全國哲學社會科學規劃辦接受評審，於二〇一二年五月一日公示評審結果，專案成果的鑒定等級：良好。參與評審的專家對該成果突出的特色、主要建樹和價值的結論：一是「全面、系統地梳理了雲南哈尼族傳統生態文化。」二是「在深入開展學術對話的基礎上提出了自己的新見解。」三是「開創了研究民族生態文化的新視角。」因此，「該成果既有學術的新貢獻，深化了該領域的研究，是該領域研究的一項重要成果，對現代生態文明的建設也有積極的借鑒作用。」

為了認真完成撰寫任務，我們課題組成員在共同完成田野調查任務之後，具體寫作分工是：課題組負責人黃紹文獨立撰寫第一章，第二章的第二、三、五部分，第三章中的第一、二、三部分，第五章、第六章、第七章。課題組成員廖國強獨立撰寫第八章第五部分和餘論；課題組成員關磊獨立撰寫導論的第四、第五部分；課題組成員廖國強和關磊共同撰寫導論第一、二、三部分和第八章第一、二、三、四部分以及結語；課題組負責人黃紹文和成員關磊共同撰寫第三章第四部分、第三章第六部、第四章和結語第二部分；課題組負責人黃紹文和成員袁愛莉共同撰寫第二章第一、第四部分和第三章第五部分。

黃紹文負責全書統稿，廖國強對全書稿進行了全面審閱。書中所有寫真圖片由黃紹文攝影。目錄和書中插圖說明的英文由李怡女士翻譯。

在寫作研究過程中，我們力求突出生態文化及其特色，較為全面系統地介紹哈尼族傳統生態文化在祖國西南大地上的發生、發展和演變過程。我們在評審專家組提出修改意見的基礎上又作了認真的補充、修改完善後形成本專案的最終成果。但由於生態文化學是新興的學科，課題組成員研究能力有限，加之任務重，時間緊，故課題組對不能完成直接撰寫任務的成員稍作了微調。作為哈尼族生態文化研究領域的第一本集體性著作，錯誤在所難免，懇請廣大讀者批評指正！

本書研究、出版過程中得到了紅河學院黨委書記陳永明，紅河學院校長彭兵，紅河學院副校長安學斌，紅河州人民政府副州長兼公安局長王軍，紅河州中級人民法院院長王澤祥，紅河學院校長助理、科技處長張燦邦，紅河州民族研究所所長白克仰等有關領導的大力支持，在此對他們給予的工作支持和悉心關懷表示衷心的感謝！也感謝關心和支持研究工作的其它朋友！

《雲南哈尼族傳統生態文化研究》課題組

二〇一二年十月於蒙自

附錄

結項證書

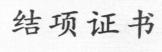

結项证书

项目类别：国家社会科学基金西部项目（批准号：08XMZ033　　）
项目名称：云南哈尼族传统生态文化研究
负 责 人：黄绍文　　　　　　主要参加人：廖国强　关　磊　袁爱莉
证 书 号：20120838
鉴定等级：良好

　　本项目经审核准予结项，特发此证。

　　　　　　　　　　　全国哲学社会科学规划办公室

　　　　　　　　　　　　2012 年 6 月 4 日

地域文化研究叢書　A0200002

雲南哈尼族傳統生態文化研究　下冊

作　　　者	黃紹文、廖國強、關　磊、袁愛莉
責任編輯	蔡雅如
發 行 人	陳滿銘
總 經 理	梁錦興
總 編 輯	陳滿銘
副總編輯	張晏瑞
編 輯 所	萬卷樓圖書股份有限公司
排　　版	林曉敏
印　　刷	百通科技股份有限公司
封面設計	斐類設計工作室

出　　版　昌明文化有限公司

桃園市龜山區中原街 32 號

電話 (02)23216565

發　　行　萬卷樓圖書股份有限公司

　　臺北市羅斯福路二段 41 號 6 樓之 3

　　電話 (02)23216565

　　傳真 (02)23218698

　　電郵 SERVICE@WANJUAN.COM.TW

大陸經銷　廈門外圖臺灣書店有限公司

　　電郵 JKB188@188.COM

ISBN 978-986-92915-7-6

2016 年 5 月初版

定價：新臺幣 380 元

如何購買本書：

1. 劃撥購書，請透過以下郵政劃撥帳號：

　帳號：15624015

　戶名：萬卷樓圖書股份有限公司

2. 轉帳購書，請透過以下帳戶

　合作金庫銀行　古亭分行

　戶名：萬卷樓圖書股份有限公司

　帳號：0877717092596

3. 網路購書，請透過萬卷樓網站

　網址 WWW.WANJUAN.COM.TW

大量購書，請直接聯繫我們，將有專人為您服務。客服：(02)23216565 分機 10

如有缺頁、破損或裝訂錯誤，請寄回更換

版權所有·翻印必究

Copyright©2015 by WanJuanLou Books CO., Ltd.

All Right Reserved　　　　**Printed in Taiwan**

國家圖書館出版品預行編目資料

雲南哈尼族傳統生態文化研究 / 黃紹文等著.
-- 初版. -- 桃園市：昌明文化出版；臺北市：
萬卷樓發行, 2016.05

　　冊；　公分. --(地域文化研究叢書)

ISBN 978-986-92915-7-6(下冊：平裝)

1.哈尼族 2.民族文化

536.2824　　　　　　　　　105007303